南房総市
≪日本一おいしい≫
ご飯給食

[三芳地区]

春から夏にかけて田園風景が広がり、「まほろばの里」として農村の魅力を感じることができる三芳地区。酪農が盛んな地区で、道の駅三芳村「鄙の里」で販売されている「みよしの牛乳」は人気ブランドとなっています。

はじめに

豊かな自然に恵まれた千葉県南房総市。
子どもたちを育む「四里四方」には、大地の恵みと海の幸があふれています。
南房総市教育委員会では、「食は文化」という理念のもと、
週5日間「ご飯」を基本とした和食中心の給食を提供しています。

栄養教諭・管理栄養士が工夫を凝らし、
南房総市でとれた食材を多く取り入れた給食には、
子どもたちを思う生産者の方々のあたたかい気持ちが込められています。
これこそが「日本一おいしいご飯給食」を支える源です。

私たちは、このご飯給食が子どもたちの故郷への誇りと強い思いを育み、
これからの人生の支える糧となると信じています。
一人でも多くの方に本書を手に取っていただき、
南房総市の「ご飯給食」の魅力を大いに感じていただければ幸いです。

南房総市教育委員会

南房総市
日本一おいしい
ご飯給食
Contents

·············　**本書の使い方**　·············

【分量について】
　本書の分量は大人（中学生以上）4人分です。幼稚園や小学生の場合は、成長に合わせて調整してください。
※本書に掲載しているレシピの写真は、1人前の分量ではありませんので、ご注意ください。

【ご飯について】
　ご飯の量は成人男性230g、成人女性200gが目安です。中学生以上は成人と同じ分量となります。幼稚園は100g、小学校中学年で170gを目安としてください。

【計量について】
　調味料の分量表示は、大さじ1 = 15㎖、小さじ1 = 5㎖、お米1合 = 180㎖です。計量カップを使う場合は、200㎖で1カップです。お米専用の計量カップとは分量が異なりますので注意してください。

わたしの給食の思い出

南房総市出身で本市の観光大使でもある
北海道日本ハムファイターズの加藤貴之さん、声優の徳井青空さんに
学校給食の思い出を寄せていただきました。

©H.N.F.

Profile ● 加藤貴之（かとうたかゆき）

1992年6月3日生まれ。南房総市出身の唯一のプロ野球選手。白浜小学校2年時から野球を始め、拓殖大学紅陵高等学校に進学。2016年、新日鐵住金かずさマジックから北海道日本ハムファイターズに入団。緩急を巧みに操るサウスポーとして活躍中。令和2年1月6日に南房総市観光大使（第5号）に就任。

僕にとって給食は、授業より大切な時間でした（笑）。とにかくメニューがおいしかったなぁという思い出があります。なかでもワカメご飯が大好きでした。味付けが絶妙で、メニューに並ぶのを心待ちにしていましたね。また、サケのホイル焼きも印象に残っています。家ではあまり出ることがなかったので、給食のときに食べるのを楽しみにしていました。

自分なりのこだわりの食べ方があり、好きなもの、おいしいものは最後までとっておく方でした。特にお肉系のメニューが好きだったので、いつもお肉系のものを最後に食べて満足感を味わっていました。

給食当番も楽しい思い出ですね。クラスのみんなに配膳する担当になったとき、盛り付けがうまくできていたという記憶があります。寸分の狂いもなく、均等な量で盛り付けすることができて、みんなからも感心されていたように思います。

いま改めて思い返してみると、給食は栄養のバランスが絶妙だったと思います。味付けも最高で、いつもおかわりをして本当にたくさん食べていました。給食をたくさん食べたおかげで体が大きくなり、プロ野球の世界で戦える強い体をつくることにつながったと思います。給食は、子どもにとって大切な楽しい時間です。調理員や栄養士の方には心から感謝していますし、これからも「最高の給食」を作り続けていってほしいと思います。

Profile ● 徳井青空（とくいそら）

1989年12月26日生まれ。声優、漫画家。エイベックス・ピクチャーズ所属。主な出演作は「探偵オペラ　ミルキィホームズ」譲崎ネロ役、「ラブライブ!」矢澤にこ役、「ご注文はうさぎですか?」マヤ役など。漫画家としては『月刊ブシロード』にて「まけるな!!あくのぐんだん!」(全2巻)を連載。平成24年4月26日に南房総市観光大使(第2号)に就任。

南房総市の給食を一言で言うと「美味い!!」これにつきます!

小学生の頃、給食委員会に入っていたほど南房総の給食は大好きです!月のはじめに配られる1ヶ月の献立表は欠かさずチェックしていました。

給食の時間が近づくと、給食センターから運ばれてきたアツアツの給食の美味しい香りがほんのり教室まで漂ってきて、ますますお昼が待ちきれなくなりソワソワしていたことを思い出しますね。待望のチャイムが鳴ると配膳室まで早歩き。大きな銀色のコンテナを給食当番がゴロゴロと教室まで運びます。みんなわくわくしながら机を向かい合わせていました。とにかくご飯もおかずも温かくて、作り立ての味わいが楽しめるのが嬉しかったですね。青い保温ケースを開けると白米の甘い湯気があふれ、ほっかほかの山盛りご飯とご対面!最高にお腹が空く瞬間です!

今思えばメニューも非常に作り込まれていた印象です。定番メニューから変わり種まで…。苦手な野菜も美味しい味付けのナムルや和え物になっていたり。子供向けの味付けというより、大人が食べても凄く美味しいから子供たちも美味しく食べられる…という感じだと思います。メニューはかなりバリエーションが多く、どんどん増えていったような。たくさんの挑戦と工夫をされていたのではないでしょうか?おかわりする人もいっぱいいました。私のお気に入りは、お馴染みのカレー、炊き込みご飯、ひじき、サバの味噌煮、揚げ餃子、春巻き、ミネストローネ…などなど数えきれません。いつもアツアツだったので、揚げ物やスープも本当に美味しかったですね!大人になった今でもお昼の定食として食べたいものばかりです。あと、味のついたご飯にシーフードのシチューのようなものをかけて食べるメニューがあって!あれは美味しくて好きでしたね…。ホワイトシチューとはまた別物なんですよ!かけて食べる前提のアレ…。アレ、何だったんだろう?もう一度食べたいです!(笑)

南房総の美味しい給食を食べてこんなに元気に育ちました。とても感謝しています!ごちそうさまでした!

[千倉地区（白間津の花畑）]

太平洋に面した千倉地区は、アワビ・伊勢エビの宝庫としても知られています。白間津の花畑は、冬に春の花が咲くことで全国的に有名。1月から3月にかけて、ポピー、キンセンカ、ストックなどが咲き揃い、花摘みが楽しめます。

南房総市ってこんなところ

房総半島の最南端に位置し、三方を海に囲まれ、千葉県最高峰の愛宕山をはじめとする丘陵地帯を有する南房総市。沖合を流れる黒潮の影響により、冬でも暖かい日が多く、一年を通して快適に過ごすことができる地域です。

何より、「海・山・里」の豊かな自然に恵まれ、とれたての新鮮な食材が集まる食の宝庫。獲ったばかりのアジなど、鮮魚でつくる「なめろう」は、南房総発祥の郷土料理です。その他にも、「房州エビ（房州産伊勢エビ）」、江戸時代から続く伝統の「房州びわ」をはじめ、日本有数の早場米の産地として有名です。

平成18年3月20日に6町1村（富浦町、富山町、三芳村、白浜町、千倉町、丸山町、和田町）が合併して南房総市が発足。

千葉県

南房総市

富山
富浦　　丸山
三芳　　和田
千倉
白浜

南房総市の
特産品・名物

[房州びわ]
約260年前から栽培されている初夏の味覚で、明治42年から皇室へ毎年献上しています。大粒でみずみずしく、香り高いのが特徴です。

[房州みかん]
温州みかんの栽培が盛んな南房総市では、秋から冬にかけて市内各地でみかん狩りを楽しむことができます。甘くて酸味もきりりと効き、全体的に味が濃いのが特徴です。

[房州黒アワビ]
房州地域の黒アワビは奈良時代の木簡にもその名が残される歴史的な特産物。しっかりとした歯応えと、濃厚なアワビ独特の美味しさが特徴の逸品です。

[房州エビ]
南房総一帯で水揚げされた伊勢エビ。他の地域より浅瀬に住んでいるため日に焼けて色が黒く、黒潮の恵みを受け身に甘みがあるのが特徴です。

[くじらのたれ]
南房総で江戸時代から続く伝統食材。和田漁港であがるツチクジラの赤身肉をしょう油や塩をベースとした特製のタレで一晩漬け、天日で乾燥させた干し肉です。

Chapter 1

南房総市が目指す
日本一おいしい
ご飯給食

[白浜地区（野島埼灯台）]

房総半島の最南端に位置する白浜地区。シンボルの野島埼灯台は、その美しい姿から「白鳥の灯台」とも呼ばれます。伝統的に海女によるアワビ漁が盛んで、毎年7月に開催される「海女まつり」では、伝統的な白装束を身にまとった海女たちが華麗なる遊泳を披露します。

ご飯給食はこうして始まった

ご飯給食を通して食習慣の改善を

いまの子どもたちには、スナック菓子などの間食のとりすぎや栄養バランスの悪い食事、生活リズムの乱れなどから、生活習慣病の予備軍となっている傾向が見られます。

食生活の基本は子どものうちに決まると言われています。南房総市では、学校給食は食べることを学ぶ大切な時間と捉え、平成23年4月から市内の小中学校と子ども園で週5日間毎日ご飯を提供する「完全米飯給食」、すなわち「ご飯給食」を導入し、食習慣改善の提案を行っています。

「大人が子どもに食べさせたい食」で心と体の健やかな成長を守る

子どもたちには、毎日地元産100%のお米を主食とし、地元の豊富な山の幸、海の幸を活かした献立を提供しています。献立には郷土料理もあり、子どもたちが地域の食文化を知るきっかけになっています。令和元年9月からは、給食には全て地元産のオーガニック・エコ米を導入し、子どもたちの「食の安全」に対する意識づくりにも役立てています。

南房総市が目指す「日本一おいしいご飯給食」は、子どもに喜んでもらうためだけの給食ではありません。子どもの健康を第一に考えた「大人が子どもに食べさせたい食」なのです。この理念のもと、今後も和食中心の献立で子どもたちの健やかな成長を見守っていきたいと考えています。

「日本一おいしいご飯給食」の3つの視点
（南房総市学校給食の理念）

1 大人が子どもに食べさせたい食
- 油脂分の少ない献立
- 生涯の健康を守る
- 食習慣の改善

2 和食中心の献立
- 日本人としての食文化
- 南房総の伝統料理
- 食事マナー

日本一おいしいご飯給食

3 地産地消の推進
- 地域生産者とのネットワーク
- 自分たちで育てた食材（「南房総学」の学習活動から）
- 食農教育の充実

これが南房総市のご飯給食だ！

南房総市のご飯給食には日頃の食生活に活かせるヒントがいっぱい！
子どもたちの健康を考えた献立づくりのポイントをお教えします。

献立名：ごはん、ハマチのみそ照り焼き、納豆あえ
里の香汁、牛乳（丸山学校給食センター）

副菜
副菜で根菜・
豆類を積極的に

主菜
主菜は魚・肉・卵で
たんぱく質を
しっかりと

主食
白いご飯で口中調味

汁物
汁物で野菜を
たっぷり補給

※南房総市の給食では、献立に牛乳200mlを添えています。

南房総市流　ご飯給食7つのポイント

南房総市のご飯給食は、栄養のバランスが抜群！
栄養教諭・管理栄養士が工夫している7つのポイントを
マスターして、家庭の食事に上手に和食を取り入れましょう。

Point.1　基本は一汁二菜

　南房総市では、「給食のような食生活を家でも実践してほしい」という思いを込め、家庭でのお手本となるような献立を組み立てています。基本となるのは「一汁二菜」。これは主食の米に汁物とおかずを組み合わせた献立で、昔から日本の食卓を構成してきました。栄養のバランスが取れるうえ、シンプルで続けやすいので、日々の食事に取り入れて子どもたちにこの食べ方を身に付けさせましょう。

Point.2　味の重なりを避ける

　みそ煮などみそを使った主菜の日は、汁物をすまし汁にするなど、1食のなかで味が重ならないようにしましょう。また、主菜がコクのある味付けの魚の日には、さっぱりしたお浸しなどの副菜を合わせ、味の濃淡のバランス（「濃い味」＋「薄い味」）をつけることも大事。毎日の献立で同じような料理、味付け、食材が続かないように心がけましょう。

Point.3　白いご飯で口中調味

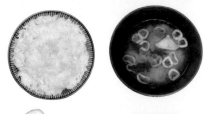

　南房総市の給食は「ご飯を食べるためのおかず」が基本的な考えです。おかずとご飯をよく噛んで食べ、口の中でご飯とおかずと唾液が混じったときに、独特のうま味を感じるようになります。これを「口中調味」と呼びますが、洋食のように1品1品のおかずを楽しむ食事では感じられない、和食独特の味わい方です。

　わずかな塩気で引き立つ素材の甘みなど、微妙な味の濃淡も白いご飯によって感じやすくなります。子どもの味覚を鍛えるためにも、ご飯は欠かせない存在なのです。

Point.4 主菜は魚・肉・卵で たんぱく質をしっかりと

主菜は肉や魚、卵、大豆など、体をつくるたんぱく質を含み、子どもの成長期に不可欠なものです。南房総市では、EPA や DHA など子どもの脳の発達に欠かせない栄養素を含んだ青魚を積極的に取り入れており、魚が苦手な子どもでも食べやすいよう、味付けや調理法を工夫しています。

毎食、主菜は肉・魚・卵・豆腐が重ならないようにしましょう。

Point.5 副菜でキノコ・海藻・根菜・豆類を積極的に

キノコ・海藻・根菜・豆類には、不足しがちな栄養である食物繊維が多く含まれています。家庭で取り入れにくい食材を給食では積極的に取り入れており、子どもたちは食べ親しんでいます。家庭でも積極的に取り入れてみましょう。生活習慣病予防にもつながります。

Point.6 汁物で野菜をたっぷり補給

野菜にはビタミンやミネラル、食物繊維が多く含まれ、風邪予防や疲労回復など、体の調子を整える働きがあります。野菜が少ない副菜の日は具だくさんみそ汁にするなど、汁物で献立全体の栄養バランス（野菜バランス）を整えましょう。

Point.7 乳製品・果物も忘れずに

牛乳やヨーグルトなどの乳製品は骨づくりに役立ちます。果物はビタミン C が豊富で季節感を感じさせてくれます。献立に入れてもおやつの時でもよいので、毎日欠かさず取り入れましょう。

10年目を迎えたご飯給食のメリット

地元の食材を多く取り入れ、よく噛んで味わって食べるご飯給食。
成長期にある子どもたちにとって、いいことずくめです。
10年の節目を迎えたご飯給食のさまざまなメリットを紹介します。

季節感あふれる献立で 郷土の食文化に誇りをもつ

南房総の伝統的な漁師料理の「あじのさんがら」（上）と、今でも捕鯨を行う和田地区の郷土料理「くじらの竜田揚げ」（右）

　ご飯給食は、地元でとれた四季の野菜や魚介を使った和食のおかずが中心です。多様な食材に触れることで、食事の美しさや季節の移ろいを感じることができ、自然の恵みと食に関わる人々への感謝の気持ちが育まれます。

　さらに給食に昔から地域で食されてきた伝統食を取り入れることで、子どもたちの郷土に対する理解が深まり、誇りと愛情が生まれています。

生活習慣病になりにくい 健康的な食生活が身に付く

初出荷を迎えたセロリ

　ご飯給食では地元の旬の食材を用いています。地場産のものは遠くから運ばれてくる食材よりも新鮮ゆえに栄養価が高く、素材本来のうま味や香りが強いので、塩分に頼らない味付けでも十分おいしく感じられます。

　また、一汁二菜のご飯給食では脂質が少なく野菜たっぷりの献立が組めるようになります。南房総市では1滴も油を使わない日もあるほどです。和食中心の献立によって、脂質や塩分などの摂取量が減り、栄養バランスも改善されています。

　子どものころから病気になりにくい食生活に親しみ、それが好物の味になればしめたもの。その食習慣は、大人になってからの健康を大きく左右します。ただし、和食は淡白になりがちなので、調理方法を日々変えて、毎日食べても飽きない工夫をしましょう。

収穫を間近に迎えたトマト

よく噛むことで
食べすぎや虫歯を防ぐ

　ご飯はパンに比べると絶対的に咀嚼の回数が増加します。ご飯に加え、根菜や豆、昆布など、よく噛まないと食べられない「カミカミメニュー」というおかずをほぼ毎日、1〜2品用意しているのも南房総市の特徴の一つです。

　よく噛んで食べると、唾液がしっかり出て虫歯予防や消化促進につながります。満腹感も得やすくなるので食べ過ぎを防ぎ、肥満を予防します。またよく噛むことで食材自体のうま味が口内に広がり、子どものころから豊かな味覚を育てることにもつながります。

根菜がたっぷり入った「和風カミカミシチュー」（上）と、さきいかが入った噛み応え抜群の「カミカミサラダ」（下）

富山学園　小・中学部の交流給食

正しい箸の持ち方など、
食文化とマナーが身に付く

　和食を積極的に食べることで、ご飯は左、汁物は右といった配膳のしきたりや、箸の使い方が自然と身に付いてきます。間違った食べ方をしている子どもは、好き嫌いや偏食の傾向が高くなります。

　たくさんの人たちと食べる学校給食は、食に対して気付きを与えるチャンスの場。ご飯茶碗や箸の持ち方など、家庭でも親と子どもが一緒になって、日本の食文化や食事のマナーを身に付けましょう。

腹持ちのいいご飯で
集中力を高め、脳を活性化

　脳の活動エネルギーは、主にブドウ糖の働きによるもの。ブドウ糖は体内に大量に貯蔵することができず、不足すると集中力や記憶力の低下につながります。脳のエネルギーの補給には、じわじわと体内に補給され、長時間維持できるご飯が一番。また、空腹だと集中力が保てないので、腹持ちのいいご飯が良いのです。

　特にご飯を食べてほしいのは、脳が活発に働く午前中。あごや舌をよく動かすことで脳の血流がアップして、脳を活性化させます。ご飯は学習能率を上げるために重要な主食と言えるでしょう。

ご飯給食で強まる地域のきずな

「生きた教材」とも呼ばれる学校給食。その回数は、生涯の食事から考えると
わずかなものですが、子どもたちとその家庭に及ぼす影響は大きなものがあります。
南房総市では、地元の食材を積極的に給食に取り入れることで、
子どもも生産者も元気になれる地域社会を目指しています。

■ 地域生産者との太いネットワーク

地元の食材を給食に活用するには、生産者と
栄養教諭の円滑なコミュニケーションが欠か
せません。南房総市では、生産者向けの給食試
食会「給食レストラン、」（P76）を開催し、食
材提供の協力を依頼しています。また、給食セ
ンターへの食材の納入の際などに、生産者と栄
養教諭が直接情報交換をすることで、食材をよ
り活かせる献立づくりが可能になってい
ます。さらに、現在丸山地区に建設中の
外房学校給食センター（仮称）（P77）に
は生産者との打ち合わせスペースが設け
られるなど、生産者とのネットワークの
一層の強化を目指しています。

ご飯給食で提供されている給食につい
て栄養教諭が説明。生産者に実際に食
べてもらうことで、取組への理解と協力
を呼び掛けています

■ 魚が好きな子どもたち

地場の魚を給食に取り入れるのは、形や大きさの
統一、衛生などの面から全国的に課題が多いとされ
ています。しかし海に囲まれた南房総市では、地元
の水産加工業者の協力のもと、鮮度の良い種類豊富
な魚を給食に取り入れることができます。ご飯給食
では、子どもたちが魚を食べやすいように調理法を
工夫しており、魚好きの子どもたちが増えていま
す。魚料理は給食の人気メニューとなっています。

富浦漁港

市内の数社の水産加工会社で加工された
魚介を使用することで、焼き魚や煮魚など
の調理のバリエーションが増えています

■ 和食の良さを伝えるだし

　和食を中心とした献立づくりの際には、どうしても塩分が多くなる傾向があります。そこでご飯給食では、だしの活用や素材の味を活かす料理を意識しています。特にだしは、市販のものを使わず、カツオ、サバ、昆布を混合して一から作っています。魚や昆布などからとれるだしに含まれるうま味は、食材の本来の味を引き立て、子どもたちの味覚の形成にとても役立っています。

薄味に慣れることで健康なからだづくりにもつながります

■ 安房拓心高校との連携

　農業の伝統校、県立安房拓心高校と連携し、毎年さまざまな食育活動を行っています。学校給食の取組では、高校生が考案したメニューを栄養教諭がアレンジし、丸山学校給食センターで提供しています。また、園芸系列の生徒がさつまいもの栽培方法について嶺南小学校の児童に教える食農学習を行っています。学習のまとめでは、収穫したさつまいもを使って調理系列の生徒が「さつまいも蒸しパン」と「スイートポテトづくり」を教えています。

（右）さつまいもの調理方法を教える生徒
（左）自ら考案したメニューのお弁当を手にする生徒

■ 栄養教諭による指導の充実

　栄養教諭は学校給食の献立をつくり子どもたちへの食指導を行っています。ご飯給食になったことで、食育の教材となるような献立をつくることができ、給食が食指導の生きた教材となっています。子どもたちの「おいしかった」「また作って」という声は、栄養教諭たちの励みになっています。

郷土の食などをテーマに手作りの教材で食指導を行っています

"食文化も含めた「食事」を大切にする心を育てたい"

　完全米飯給食を始めてから10年が経過しました。今の小中学生は、パンや麺が出されていたころの給食を知りません。地元の食材を使った献立が、子どもたちはもちろん、「給食レストラン」などを通して保護者からも「おいしい」と評価をいただいていることに、少しずつ手応えを感じています。

　食事は文化であり、単に栄養素の帳尻合わせをすればいいというものではありません。ご飯給食は、地域の食材を活用した南房総市の気候風土を感じられる郷土の味であり、主食がご飯だからこそ可能なものなのです。子どもたちには、この郷土の味をしっかりと受け継いでいってほしいと思います。

　また、給食に地域の食材を使うことは、地域経済を元気にすることにもつながります。市内では高齢化が進み、耕作放棄地が増えていますが、その流れを給食で止められれば。子どもたちが大人になったときに、ふるさとの味と美しい景観を思い起こしてくれるといいですね。

南房総市教育委員会教育長
三幣 貞夫

給食センターをのぞいてみよう！

丸山学校給食センターの調理室

南房総市には内房学校給食センター、朝夷学校給食センター、丸山学校給食センターの3カ所で、小学校6校、中学校6校と白浜幼稚園のご飯給食約2,500食分を毎日作っています。子どもたちの大好きな給食がどのように作られているのかを紹介します。

嶺南小学校、嶺南中学校向けに約500食の給食を作っています！

丸山学校給食センター

前室🔍

● **衛生管理**

調理室に入室する前には、毎回徹底した衛生管理を行っています。

❶ 白衣には粘着ローラーを掛け、ほこりや髪の毛を取り除きます。

❷ 各自の爪ブラシを使って入念に手洗いし、消毒を行います。

❸ 作業や扱う食材によって色が異なるエプロンを着用します。

エプロンの主な色分け

青	水色	緑	黄
肉や魚など特に汚染度が高い食材を扱うとき	野菜の下処理をするとき	加熱前の食材を扱うとき	加熱後の食材を扱うとき

下処理室🔍

🕖 **7:30** ● **洗浄・下処理**

給食センターに届けられた食材を洗浄し、カットします。洗うときは、必ず1本ずつ手に取って3回洗います。傷みや虫が付いていないかなどもしっかり確認します。

下処理を終えた食材は容器に入れ、カウンターから調理室へ運びます。

調理室 🔍

● だし作り

千葉県産のカツオ節・サバ節、北海道産の昆布の3種類でだしを作ります。前日から水に戻しておいた昆布とカツオ節・サバ節を大釜に入れ、沸騰させないように約1時間煮ます。カツオ節とサバ節を30分程度余熱を加えながら、沈んだことを確認したのち全て引き上げます。最終的に100ℓのみそ汁が出来上がります。

● 中心温度のチェック

給食では食中毒を予防するために、ミニトマトと果物類などを除く全ての食材に加熱殺菌が義務付けられており、肉や魚はもちろん、サラダやあえ物に使う野菜も全て加熱しています。揚げ物や煮物も、食材の芯までしっかり加熱されているかどうか、専用の温度計を食材に刺してチェックしています。

● ソース作り

主菜の味を決めるソースには、自然に近いやさしい甘みのきび砂糖を使います。食材に合わせて細かく味を調整していきます。

● 野菜をゆでる

大釜で野菜を一気にゆでます。

● 材料をあえる

具材をよく混ぜ合わせ、あえ物を仕上げます。

※エプロンは衛生管理のため使い
　捨てのものを使用します。

🕙 10:30　● 配缶・積み込み・配送

炊き上がったご飯は重さを計りながら、大きなしゃもじで配缶します。その他の料理も食缶に入れ、コンテナに積み込んで、隣接する嶺南小学校と嶺南中学校に届けます。

作り手の給食への思い

日々子どもたちのために献立を考えている栄養教諭・管理栄養士の皆さんに
献立づくりにまつわるエピソードをお伺いしました。

　自然豊かな南房総市には、おいしいものがたくさんありますが、味覚は子どもによりさまざまなので、味が合わないこともあるでしょう。例えば、地元の特産物の菜花は、苦味があって子どもたちが苦手な食材の一つですが、一度下ゆでして苦みを抜くなど工夫しています。また、作り手の願いやぬくもりが伝わるよう、その日の献立に合わせ、「給食ひとくちメモ」を配布しています。給食が苦手なものを克服するきっかけになれば、これほどうれしいことはありません。

内房学校給食センター　栄養教諭　**岩崎 恵** さん

　ご飯給食が導入され、和食を中心とした献立や地元の食材をより多く取り入れ、子どもたちの心身ともに健やかな成長を願い、楽しい学校生活が過ごせるよう、日々やりがいを感じながら献立づくりに取り組んでいます。子どもたちが「いつもおいしい給食ありがとうございます」と声をかけてくれることは大きな喜びです。「食」は命を守り、つなぐもの。家族や地域の方、人と人とのつながりを感じながら、食べるもの、食べることを大事にしていきたいですね。

朝夷学校給食センター　栄養教諭　**伊藤 真理** さん

　給食のだしは、カツオ節やサバ節、昆布から毎回とっています。以前はだしパックを使っていたのですが、和食料理人の方とお話しする機会があり、だしの大切さに改めて気づくことができました。だしがしっかりしていれば、調味料が少なくても満足できる味つけになります。小中学生の時期は、濃い味に慣れないように、素材の味をしっかりと感じられる舌を育む大切な時期。子どもたちの健康を維持するだけではなく、子どもたちが大人になった時にも受け継がれる味の基礎・見本となる献立づくりを心掛けています。

丸山学校給食センター　栄養教諭　**小安 亜季** さん

　市内5つの子ども園の献立を考えています。大切にしているのは、白いご飯の味が分かる献立づくり。幼児期は味覚が形成される時期なので、しっかり味が分かるようにシンプルな調理法を心掛けています。その甲斐あって、新米の時期になると3歳にして「ご飯が甘い」という子どももいます。また、「みんなと同じ南房総市で採れた野菜だよ」と言うと、目を輝かせ喜んで食べます。完食することも大事ですが、ニコニコとおいしく食べてくれることが一番の喜びです。

嶺南子ども園　管理栄養士　**平島 佳子** さん

Chapter 2
ご飯給食を支える
地域食材

【富浦地区（道の駅とみうら 枇杷倶楽部）】
日本有数のびわの産地として有名な富浦地区。
国道沿いには、5月から6月にかけてびわ直
売所が並びます。関東富士見百景に選ばれた
大房岬自然公園は、森林セラピー基地にも認
定されています。

ご飯給食の要！
子どもがすくすく育つおいしいお米

ご飯給食になくてはならないお米。南房総市では100％南房総市産の米を使用しており、令和元年9月からは、環境保全と食の安心・安全に配慮した生産者こだわりのオーガニック・エコ米（ちばエコ農産物の認証米）を取り入れています。子どもたちの「食の安全」に対する関心を高めるとともに、ちばエコ農産物の普及拡大を目指しています。

生産者の声

給食が「自分の味」をつくる

農事組合法人かざぐるまファーム
代表理事　山田 一洋さん
（丸山地区）

　千葉県が「ちばエコ農産物」認証制度をスタートした平成14年から、化学合成農薬と化学肥料を半分以下に減らしたエコ米作りに取り組んでいます。コシヒカリのほかに「にじのきらめき」や「つきあかり」などの新しい品種の米を作っていますが、これらはコシヒカリに比べ倒れにくくて収穫量が多く、味も引けを取りません。
　米飯給食が始まったころから協力しており、今は「つきあかり」を提供しています。コシヒカリ以外にもおいしいお米があることを、子どもたちに知ってほしい。丼物や炒め物など、メニューに合わせてお米を選ぶことができたら理想ですね(笑)。

　だしやみそなど、給食を通して小さいうちから「自分の味」を持てるのは素晴らしいことです。子どもたちが大人になったとき、この給食がどんな影響を与えているのか楽しみです。

🌾 農業に携わる人を守りたい

株式会社岡本農園
代表取締役　岡本 秀和さん
（三芳地区）

　この地域に代々続く農家で、10年前、若い人の雇用を目的に法人化しました。女性でも重いものを運べるようにフォークリフトを導入したり、乾燥や選別などの作業を自動化したりして効率化を進め、次の世代にきちんとつなげることができる農業を目指しています。

　主にコシヒカリを含め8種類の米を作っています。学校給食には、コシヒカリ、つきあかり、そして令和2年の秋にデビューした県産米「粒すけ」を届けています。私も学校給食を食べていましたが、どこで作られた米や野菜が使われているかなど考えもしませんでした。それが分かるとい

うのは、親としてはとても安心です。地元の食材を使った給食を通じて、農業が子どもたちにとって「遠い」存在ではなく、将来の職業の一つと思ってもらえるとうれしいですね。

🌾 大切な地域の風景を残したい

農業法人　三芳村蛍まい研究会
渡邊 和彦さん
（三芳地区）

　三芳地区は日本の有機農業運動発祥の地の一つです。三芳地区の自然環境を守るため、平成3年に蛍まい研究会は発足しました。農薬の空中散布がない圃場で100％有機肥料を使用しています。栽培方法は、薬剤の使用は田んぼへの除草剤一回のみという低農薬栽培と、薬剤を一切使用せずアイガモや手除草で育てる農薬不使用栽培の二種類。平成30年から、栽培方法にかかわらず一切殺虫剤を使用しないという方針を取っていますが、これまでの四半世紀に及ぶ活動で地域全体の生態系が安定し、生産者の経験も得られたことから、ほぼ被害なく順調に生長しています。

　次代を担う子どもたちには安全なものを食べてもらいたいという思いで、学校給食にお米を提供しています。給食参観などで、「おいしい」と直接声を届けてもらえるのがうれしいですね。

キャベツ

とれる時期によって
歯応えが違う

DATA

- ●南房総市の主な生産地
  全域
- ●南房総市の旬の季節
  1〜6月
- ●主な栄養素・成分
  ビタミンK・C・U、カルシウム
- ●保存方法
  芯をくり抜き、水で濡らしたキッチンペーパーを詰めます。ポリ袋などに入れ、芯をくり抜いた方を下にして、冷蔵庫の野菜室で保存します。

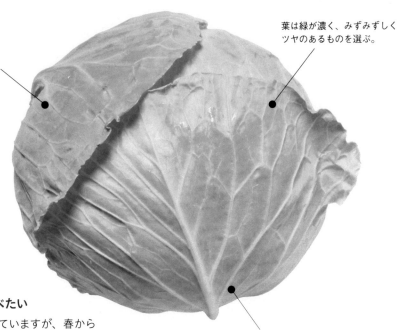

春キャベツは葉の巻きが緩くて軽めのものがおいしい。一方冬キャベツは、巻きがしっかりしていてずっしり重いものが良い。

葉は緑が濃く、みずみずしくツヤのあるものを選ぶ。

芯の切り口は黒ずんでいないか、太すぎないかをチェック。

Check!

甘みがのった春こそ食べたい

キャベツは通年出回っていますが、春から初夏にかけて出回る春キャベツは、葉が柔らかく青臭さが少ないのが特徴。サラダにして生のままいただけば、キャベツのみずみずしさや甘さを堪能できます。

芯も捨てないで

キャベツの芯は実は「茎」。ビタミンCやカリウム、カルシウムなどの栄養素が豊富に含まれています。甘みもあるので、食べやすく切って煮込み料理や野菜炒めの具材として活用しましょう。

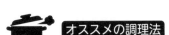 **オススメの調理法**

春キャベツは柔らかいので生のままサラダで。冬キャベツは葉がしっかりしているので煮込み料理に。加熱すると甘みが増します。

生産者の声

子どもは野菜作りのバロメーター

みやこし農園　宮越 敬二さん・加奈さん（富山地区）

平成29年に新規就農しました。最初は粘土質の土と水が自由に使えない点に苦労しましたが、今ではキャベツやスイートコーン、小松菜などを作っています。野菜ができたらまず我が子に食べてもらいます。子どもはとても正直で、おいしいとたくさん食べてくれます。自分たちが作った野菜が給食に使われることには、とてもやりがいを感じます。これからも、子どもたちがたくさん食べてくれる野菜を作りたいですね。

キャベツと豚肉のみそ炒め

コクのある味でご飯がすすむ

[材料(4人分)]

豚肉	100g	酒	小さじ 1弱
キャベツ	4枚(200g)	中華だし	小さじ 1弱
にんじん	1/4本	片栗粉	大さじ 1/2強
たけのこ	1/4袋(50g)	ごま油	小さじ 1/2
厚揚げ	2枚(200g)		しょうが(すりおろし)
にら	1/4束	★	小さじ 1/2強
油	小さじ 1弱		酒 小さじ 1/2強
☆ きび砂糖	小さじ 1/2		しょうゆ 小さじ 1/2
☆ しょうゆ	小さじ 2 1/2		
☆ みそ	大さじ 1/2		

[作り方]

❶豚肉に★で下味をつけておく。

❷にんじんはいちょう切り、たけのこは短冊切り、厚揚げは 2 cm角、キャベツとにらは 2 〜 3cmのざく切りにする。

❸油を熱し、❶・にんじん・たけのこを炒める。

❹☆を加え、厚揚げ・キャベツを入れ加熱する。

❺味を調えた後、にらを入れ、少量の水で溶いた片栗粉を入れとろみをつけ、仕上げにごま油を入れ混ぜる。

キャベツのみそマヨネーズあえ

みそとマヨネーズの相性が絶妙

[材料(4人分)]

キャベツ	1/8個	白すりごま	小さじ 1
にんじん	1/3本	酢	小さじ 1
小松菜	2茎	☆ みそ	大さじ 1/2
玉ねぎ	1/4個	マヨネーズ	大さじ 2

[作り方]

❶にんじんは千切り、玉ねぎは 5 mm幅、キャベツは 1 cm幅、小松菜は 2 〜 3cmに切る。

❷湯を沸かし、にんじん、キャベツ、玉ねぎ、小松菜の順に入れてゆでる。

❸ザルに引き上げ、水で冷やし、水気を切る。

❹❸に☆を加えてあえる。

給食では、野菜のシャキシャキ感や彩りを考え、ゆですぎないよう細心の注意を払っています。調味料は味をみながら加減してください。

菜花

どこよりも早く、
食卓で春を感じる

DATA

- ●南房総市の主な生産地
  全域
- ●南房総市の旬の季節
  11〜4月
  （最盛期は12〜3月）

- ●主な栄養素・成分
  カロテン、ビタミンB・C、カルシウム
- ●保存方法
  冷凍すると香りや食感が悪くなるため、熱湯でゆでた後たっぷり塩を振り、冷蔵で保存するのがおすすめ。調理直前に水で塩を抜いてください。

近年は茎が長いタイプも出回っている。茎も柔らかいので通常の料理方法でも大丈夫。

できるだけ新鮮なもの、切り口が乾いていないものを選ぶ。黄色い花が咲くと一気に味が落ちるので、早めに食べきること。

つぼみが開いていないもの、葉がみずみずしいものが良い。

Check!

春の"恵み"で元気に

アブラナ科の野菜で、若くて柔らかい花茎や葉、つぼみを摘んだもの。春の風物詩ともいえるほろ苦さや独特の香りが特徴。栄養価が高く、特にビタミンCの含有量は野菜の中でもトップクラスです。

どこよりも早く春を味わう

千葉県は食用菜花の生産量が全国一を誇ります。中でも南房総市は全国的にも早く収穫でき、11月から4月まで長く味わうことができます。最盛期には市内のいたるところで菜花の緑のじゅうたんが広がります。

 オススメの調理法

塩漬けや油炒めなど、単品で調理するとより素材の良さを感じることができます。薄いころもで天ぷらにすることで、春の風味が口いっぱいに広がります。

生産者の声

菜花の新しい魅力を発信

株式会社房総スカイファーム
古川 健志さん（左）、神作 陽介さん（右）（富山地区）

3年前から「京の春」という早生品種を栽培しています。菜花は収穫時期を見誤ると途端に味が落ちてしまうので、天候にはとても気を使いますね。収穫後は病気対策と土壌改良のために飼料用の麦を裏作して緑肥にしています。当社では20〜25cmまで茎を長くして出荷しています。菜花というとお浸しのイメージがありますが、茎は甘いので、ジェノベーゼパスタや豚バラ肉の炒め物などにして味わってみてください。

菜の花のごま和え

菜花のほろ苦さとごまの甘みがマッチ

[材料(4人分)]

菜花…………… 1/2束	
にんじん ……… 1/4本	白すりごま
もやし ………… 1/2袋	☆ …………… 大さじ2
キャベツ ……… 2枚	しょうゆ … 大さじ1
	きび砂糖 … 小さじ1

[作り方]

❶菜花は2～3cmの長さ、にんじんは千切り、キャベツは1cm幅の千切りにする。

❷❶ともやしを熱湯でさっと下ゆでして、水気をよく切る。

❸❷を☆であえる。

 野菜の下ゆでは、素早くさっと仕上げます。カロリーや甘さが気になる方は、きび砂糖を入れなくてもOK。さっぱり味で召し上がれ。

菜の花ソテー

バターの香りとベーコンのコクで子どもでも食べやすい

[材料(4人分)]

菜花…………… 1束	ホールコーン缶
にんじん ……… 1/4本	…………… 大さじ4
キャベツ ……… 小2枚	コンソメ(顆粒)
ベーコン ……… 1枚	…………… 小さじ1
バター ………… 小さじ1	塩、こしょう … 各少々

[作り方]

❶菜花は3cmの長さ、にんじんは太めの千切り、キャベツとベーコンは1cm幅の千切りにする。

❷にんじんは水から塩ゆで、菜花とキャベツは熱湯でさっと塩ゆでする。

❸フライパンを熱してバターを溶かし、❷とベーコンを炒める。

❹コーンを加えて炒め合わせ、コンソメと塩こしょうで味を調える。

 野菜は色よく、歯応えをよくするために、さっと手早く仕上げてください。

じゃがいも

炒めてよし、煮てよし。
さまざまな料理で活躍

DATA

- **南房総市の主な生産地**
  全域
- **南房総市の旬の季節**
  5〜9月
  （最盛期は5〜8月）
- **主な栄養素・成分**
  ビタミンC、カリウム
- **保存方法**
  光に当てると芽が出てしまうため、新聞紙などで包んで冷暗所で保存します。

持ったときにずっしりと重いものが、実が詰まっていておいしい。

芽や皮が緑がかったものには有毒成分が含まれるので避ける。

ハリがあり、傷やしわ、斑のないものを選ぶ。

品種により多様な味わい

丸型の「男爵」、楕円形の「メークイン」が日本の代表的な品種ですが、近年は果肉が黄色い「キタアカリ」、栗のように甘い「インカのめざめ」など、新しい品種が登場しています。それぞれに個性があるので、料理によって使い分けるとよいでしょう。

熱に強いビタミンCを含有

主要成分のでんぷんに含まれるビタミンCは熱に強く、加熱調理しても壊れにくいため、炒め物や煮物に適しています。むくみを解消するカリウムも豊富に含まれています。

オススメの調理法

掘りたてのじゃがいもをシンプルにふかしてバターや塩をかけるだけでもおいしく、素材そのものの味を楽しめます。

生産者の声

安全・おいしいじゃがいもで
子どもたちの成長を応援

岩波 美恵子さん（丸山地区）

ぬかやもみがら、鶏糞などを使った有機肥料栽培に力を入れており、春はじゃがいも、冬は大根やかぶなどを栽培しています。じゃがいもは、主に「キタアカリ」を作っています。果肉が黄色くて男爵よりも甘いのが特徴です。ホクホクしているので、ポテトサラダにすると特においしいですよ。給食では、成長期の子どもたちの大事な体づくりのお手伝いができるのがうれしいですね。

ベーコンポテト

副菜

ささっと作れておつまみにも

[材料(4人分)]

じゃがいも …… 中3個		塩……………… ひとつまみ	
ベーコンスライス		こしょう ……… 少々	
…………………… 50g		油…………… 小さじ 1/2	
玉ねぎ………… 1/2個			

[作り方]

❶ じゃがいもは厚めのいちょう切り、ベーコンスライス
は 1cm の短冊、玉ねぎは薄切にする。

❷ じゃがいもを蒸す。電子レンジでも可。

❸ 油を熱し、ベーコン・玉ねぎを炒める。

❹ 塩・こしょうを加えてさっと混ぜ、味を調える。

❺ ❷を加える。味見をして、薄いようならここで調整する。

 じゃがいもの形が残るよう、❺で混ぜすぎないこと。

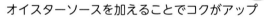

じゃがいものみそ煮

副菜

オイスターソースを加えることでコクがアップ

[材料(4人分)]

じゃがいも …… 中3個		ごま油………… 適宜	
にんじん ……… 小1本		水……………… カップ 1	
こんにゃく(角切り) … 80g			きび砂糖 … 大さじ 1/2
たけのこ ……… 1/2個			酒 ……… 大さじ 1/2
さやいんげん … 4本			みそ ……… 大さじ 1
鶏ひき肉……… 80g		☆	オイスターソース
にんにく(すりおろし)			………… 小さじ 1
………………… 適宜			しょうゆ … 小さじ 1
しょうが(すりおろし)			中華だし … 少々
………………… 適宜		片栗粉………… 適宜	

[作り方]

❶ じゃがいもは乱切り、にんじんは厚めのいちょう切り、
たけのこは短冊切り、さやいんげんは 2 ～ 3cm くらい
の長さに切る。

❷ こんにゃく、さやいんげんはさっと下ゆでしておく。

❸ 鍋にごま油を熱し、にんにく・しょうが・鶏ひき肉を
加えてそぼろ状に炒める。

❹ じゃがいも・にんじんを加えて炒め、水を加えて煮る
（アクが出たら除く）。

❺ じゃがいも、にんじんに火が通ったら、たけのこ・こ
んにゃくを加えて煮る。

❻ ☆を加えて煮る。さやいんげんを加え、水溶き片栗粉
でとろみをつける。

きゅうり

朝もぎがみずみずしくて
一番おいしい

DATA

- ●南房総市の主な生産地
  全域
- ●南房総市の旬の季節
  5〜9月
  （ハウス栽培は1年中）
- ●主な栄養素・成分
  カリウム
- ●保存方法
  1本ずつ新聞紙やキッチンペーパーなどで包み、ポリ袋に入れて冷蔵庫で立てて保存します。

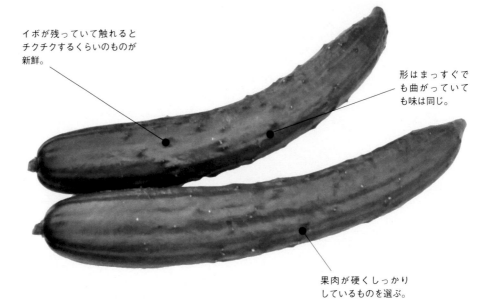

イボが残っていて触れるとチクチクするくらいのものが新鮮。

形はまっすぐでも曲がっていても味は同じ。

果肉が硬くしっかりしているものを選ぶ。

Check!

ピンとハリのある朝もぎを

　きゅうりはほとんど水分なので、収穫するタイミングで食味が大きく異なります。一番のおすすめは朝もぎのもの。水分をたっぷり含み、パリッと歯切れの良い食感が楽しめます。

夏に積極的に食べて健康に

　きゅうりに多く含まれるカリウムは、体内のナトリウムの排出を促進し血圧を下げる効果があるので、高血圧の方におすすめ。大量に汗をかく夏は体内のカリウムを失いやすいので、積極的に取り入れましょう。

 **オススメの調理法**

サラダやあえ物だけでなく、軽く炒めて塩昆布で味付けしても美味。熱湯にさっとくぐらせてすぐに冷水に放すとアクが抜け、色鮮やかになります。

生産者の声

毎日手塩にかけたおいしいきゅうり

青木 悠さん（千倉地区）

　きゅうりは水分が9割なので、水の管理がとても重要。さらに、葉の色や実の形を見ながら肥料を与えたり、日の当たり具合を見たりと、毎日手入れしています。きゅうりの成長はとても速く、ちょっと目を離すとすぐに大きくなってしまうので、8〜9月の収穫の最盛期には朝夕2回収穫します。僕は地元の出身で、毎日おかわりするくらい学校給食が大好きでした。皆さんにおいしいきゅうりを届けるので、楽しみにしていてください！

きゅうりのごまサラダ

ごまの風味でいくらでも食べられる

[材料(4人分)]

きゅうり	1本	白練りごま	小さじ1
もやし	50g	白すりごま	小さじ1
にんじん	1.5cm	しょうゆ	小さじ1
キャベツ	1枚	みりん	小さじ1/2
鶏ささみ肉	1本	☆ みそ	小さじ1
しょうが(すりおろし)		酢	小さじ2
	適宜	きび砂糖	小さじ1
酒	小さじ1	塩	ひとつまみ

[作り方]

❶ 鍋に少量の湯を沸かし、鶏肉・酒・しょうがを入れ、ゆでる。

❷ ❶は粗熱が取れるまで置いておく。粗熱が取れたら、適当な大きさにほぐして冷ます。

❸ 鍋に☆を入れ、混ぜながら加熱する。

❹ ❸を冷ましておく。

❺ きゅうりは太めの千切り、キャベツ・にんじんも千切りにする。

❻ 鍋に湯を沸かし、❺をさっとゆでる。

❼ ❻を水にくぐらせ、水をしぼる。

❽ ❷・❹・❼を混ぜ合わせる。

即席漬け

漬け込みいらずの超簡単レシピ

[材料(4人分)]

きゅうり	1/2本	薄口しょうゆ	
白菜またはキャベツ		☆	大さじ1/2
	2枚強	酢	小さじ1
にんじん	1/3本	かつお節	1袋

[作り方]

❶ きゅうりは縦に半分にした後斜めスライスに、白菜は5mm幅に切る。

❷ にんじんは、白菜やきゅうりと長さをそろえて千切りにする。

❸ ❶・❷をさっとゆでる。

❹ 水気をしぼって、☆であえる。

きゅうりに少量ふり塩してもみ込んだ後、水気をしぼってから調味料であえてもOK。

トマト

多彩な調理法で
食卓に欠かせない

DATA	●主な栄養素・成分
●南房総市の主な生産地 全域	リコピン、β-カロテン、ビタミンC・E、カリウム
●南房総市の旬の季節 5〜8月 （ハウス栽培は1年中）	●保存方法 赤く熟したものはヘタの部分を下にしてポリ袋に入れ、冷蔵庫の野菜室で保存します。まだ青いものは常温で保存し、追熟させてから冷蔵庫へ。

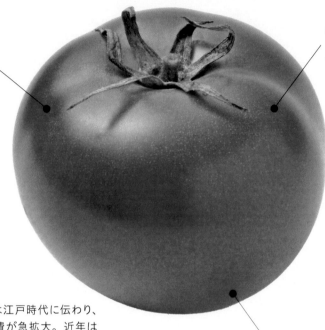

球形で角張っていないものを選ぶ。

全体的に均一に赤く、ツヤとハリがあるものが良い。

おしりの部分から放射状に線が入っているものがおいしい。

Check!

料理の幅は自由自在

　南米原産で、日本には江戸時代に伝わり、第二次世界大戦後に消費が急拡大。近年は中玉やミニトマト、より糖度が高いフルーツトマトなどさまざまな種類が生まれています。生はもちろん、ソースにデザートに、多彩なアレンジで食卓を彩ります。

豊富な栄養素で健康な体づくり

　「トマトが赤くなると医者が青くなる」ということわざがあるほど栄養素が豊富。特にビタミンCは1個で1日に必要な量の半分が取れると言われます。また、活性酸素を除去するリコピンは、がんや生活習慣病予防に効果的と注目されています。

 オススメの調理法

　旬の時期のトマトは生でいただくのが最高。リコピンは油と一緒に食べると吸収率が良くなるので、生でいただくときはオリーブオイルをかけるのがおすすめ。

生産者の声

大切に育てた極上の甘いトマトをぜひ味わって

御子神農園　御子神 昭則さん（丸山地区）

　地元で約25年間トマトを作っています。品種は甘みが強くて適度な酸味が特徴の「桃太郎」。10月に植え付けを行い、ハウス栽培で2月から6月ごろまで出荷しています。徹底しているのは水やりです。低水分で育てると甘さが際立ち、コクがあってジューシーになります。このようなトマトにはグリーンベースといって、ヘタの周りに濃い緑の部分が現れます。子どもを育てるように一つ一つ大事に育てていますので、子どもたちにもその思いが伝わるとうれしいですね。

トマトと卵のスープ

卵の甘みとトマトの酸味が絶妙

[材料(4人分)]

トマト ………… 1/2個	塩 …………… 小さじ 1/2
鶏むね肉小間切れ	こしょう ……… 少々
………………… 50g	鶏がらスープの素
チンゲン菜 …… 1株	…………………… 適宜
卵 …………… 1個	コンソメ ……… 適宜
酒 …………… 小さじ 1	水 …………… 500cc

[作り方]

①鍋に湯を沸かし、鶏肉を加える。

※よくほぐしてからアクを取る。

②鶏がらスープの素、コンソメを加え、角切りにしたトマトを加えて煮る。

③お玉などでゆっくりとかき混ぜながら、溶き卵を少しずつ加える。

④塩・こしょう・酒で味を調え、チンゲン菜を加える。

完熟トマトを使うときは、皮を湯むきした方がベター。スープの温度が低いと卵の花がきれいに咲かないので注意。青梗菜の代わりに小松菜でもおいしく作れます。

トマトの塩昆布あえ

暑い季節にぴったり

[材料(4人分)]

トマト ………… 中1個
ブロッコリー … 1個
キャベツ ……… 1/8個
塩昆布 ………… 大さじ 2

[作り方]

①トマトは湯むきし、一口大に切る。

②ブロッコリーは一口大に切り、下ゆでし、水分を切っておく。

③キャベツは千切りにし、下ゆでし、水分を切っておく。

④①〜③と塩昆布を入れ、よく混ぜあわせる。

トマトはミニトマトでも OK。その場合は、縦に半分切るとトマトの果汁と塩昆布がよく混ざります。お好みで白ごまを振ると香ばしいです。

なす

皮ごと食べたい
夏の人気食材

DATA

- ●南房総市の主な生産地
  全域
- ●南房総市の旬の季節
  5〜11月
  （最盛期は7〜10月）

- ●主な栄養素・成分
  ナスニン
- ●保存方法
  乾燥させないよう1個ずつラップなどに
  包んで冷蔵庫の野菜室で保存します。た
  だし、冷やし過ぎると実が縮んでしまう
  ので、なるべく早く食べきりましょう。

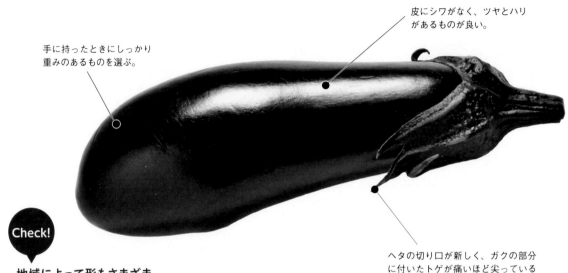

手に持ったときにしっかり
重みのあるものを選ぶ。

皮にシワがなく、ツヤとハリ
があるものが良い。

ヘタの切り口が新しく、ガクの部分
に付いたトゲが痛いほど尖っている
ものが新鮮。

Check!

地域によって形もさまざま

　一般的ななすは千成という細長い卵型のも
の。他にも皮の柔らかい丸なす、大きな長な
すなど日本各地にいろいろな種類があり、南
房総では千成タイプが多く栽培されています。
油との相性が良く、和食、洋食、中華とさま
ざまな料理に幅広く使われています。

皮の部分に栄養が多く含まれる

　90%が水分で、栄養素が含まれているのは
実ではなく皮の部分。ナスニンというポリフェ
ノールの一種を含む色素成分で、血液をサラ
サラにしたり、活性酸素を除去する働きが期
待できます。

 **オススメの調理法**

旬が同時期のピーマンと相性が良く、ひき肉と炒め
てみそで調味する鍋しぎにしても美味。素揚げにし
てポン酢や青じその千切りと合わせれば、子どもで
もおいしく食べられ、おつまみの一品にも。

 生産者の声

農業の未来に種をまく

株式会社早坂園芸　早坂 健一さん（丸山地区）

　なすやトマト、さつまいもなど30種類以上の野菜と花を作っています。化学肥
料をなるべく使わず、虫除けには木酢を使うなど有機農業に力を入れています。
この辺りは土が粘土質なので、野菜の種類を増やすために千倉など砂地の地域
にも農地を広げています。いま日本の農業は高齢化が進み、危機的な状況です。
給食を食べた子どもたちには、趣味でもいいので将来野菜を作ってほしい。その
ためにも、おいしいと言ってもらえる野菜を作り続けます。

しぎなす

なすの甘みとみそのコクが食欲をそそる

[材料(4人分)]

なす………… 3本	きび砂糖……… 大さじ1と1/3
ピーマン……… 2個	白いりごま …… 適量
みそ………… 大さじ1	油…………… 適量

[作り方]

❶ なすは食べやすい大きさの乱切りに、ピーマンはなすより少し小さめの乱切りにする。

❷ 油をひいたフライパンでなすをよく炒め、しんなりしてきたらピーマンを入れ、さらにピーマンがしんなりするまで炒める。

❸ きび砂糖、みそを合わせ、❷に加え混ぜる。調味料の味がなじんだら火を止め、白いりごまを加えて仕上げる。

POINT なすは切った後すぐに調理できなければ水に浸しておくと色が変わらなくなります。ピーマンは後から加えると、火が通りすぎず色よく仕上げられます。お好みで豚こま肉を加えると、うま味が増えてさらにおいしくなります。

なすのお浸し

冷やしてもおいしい夏野菜のお浸し

[材料(4人分)]

なす………… 2本
オクラ……… 5本
しょうゆ……… 小さじ1
かつお節……… 適量

[作り方]

❶ なすの皮は虎刈りにし、1cm程度の厚さのいちょう切りにしゆで、水分を切っておく。

❷ オクラはゆで、5mm程度の輪切りに切る。

❸ ❶・❷・しょうゆ・かつお節をよく混ぜる。

POINT 切り方は、お好みで変えてもOK。

さつまいも

江戸時代から人気の
災害に強い作物

DATA

●南房総市の主な生産地
　全域
●南房総市の旬の季節
　8〜11月

●主な栄養素・成分
　ビタミンC、食物繊維、ヤラピン、
　カリウム
●保存方法
　新聞紙などに包んで冷暗所で保存しま
　す。冷蔵庫に入れたり真冬に屋外で保
　管したりすると早く傷むので要注意。

大きすぎるもの
は、あまりおい
しくない。

ハリがあり、皮の色がピンク
色がかっているものが甘い。

ひげ根がたくさん
残っているものは
繊維質が多い。

Check!

甘みが強く、種類も豊富

　台風や干ばつに強い作物で、全国各地で栽
培されています。江戸時代から盛んに品種改
良され、全国有数の産地である千葉県では紅
あずま、紅はるか、シルクスイートなどが栽
培されています。

豊富な食物繊維で腸内環境を整える

　主成分はでんぷん。甘みは強いですがカロ
リーはご飯よりも少なくヘルシー。加熱して
も壊れにくいビタミンC、食物繊維が豊富。
皮の近くに腸の働きを整えるヤラピンが含ま
れるので、丸ごと食べるのがおすすめ。

 オススメの調理法

素材の味を楽しむには焼きいもや大学いもが一番。
細切りにしてツルと一緒にきんぴらにしてもおいし
い。いも掘りに行ったときは、ぜひツルも持ち帰って。

生産者の声

土壌改良でよりおいしいさつまいもを

株式会社たんぽぽ農園
伏木 孝文さん（左）、吉村 健至さん（右）（丸山地区）

　3年前からさつまいも作りに取り組んでいます。さつまいもは水はけが良いと
深くまで根を張り、形が素直に育ちます。この辺りの土は粘土質なので土壌改
良に力を入れており、だいぶ手応えを感じるようになりました。果肉が紫色の
パープルスイートや滑らかな食感のシルクスイート、皮も実も白い黄金千貫など
を作っています。重いので収穫は重労働ですが、味の良いものができるとうれ
しいです。子どもたちにはたくさん食べて、元気に育ってもらいたいですね。

さつまいもとカシューナッツのあめ煮

ナッツとさつまいもの相性が抜群

[材料(4人分)]

さつまいも	きび砂糖 … 大さじ4
……… 中1本(200g程度)	しょうゆ … 小さじ1
油……… 適宜	みりん …… 小さじ1
カシューナッツ(味なし)	水 ……… 大さじ2
……… 50g	

☆

[作り方]

① さつまいもをきれいに洗い、乱切りにする。
② ①の水気をよく切り、素揚げする。
③ ☆をフライパンに入れ、少しとろみが付くまで加熱する。
④ ③・②・カシューナッツをからませる。

 POINT
 カシューナッツは塩気のないものを使用します。軽くいった方が香ばしく、カリッとした食感に。焦げてしまうと苦くなるので注意。

さつまいもご飯

秋を感じさせる炊き込みご飯

[材料(4人分)]

米…… 3合	酒……………… 大さじ1
さつまいも	塩……………… 小さじ1/3
……… 中1本(200g程度)	黒いりごま …… 大さじ1

[作り方]

① 米を研ぎ、規定量の水を入れ、30分ほど浸す。
② さつまいもは、よく洗い、皮つきのまま1.5〜2cmの角切りにする。　※いちょう切りでも可
③ ②を水にさらす。
④ ③の水気を切る。
⑤ 釜から大さじ2の水を取り、酒と塩を加えてよく混ぜる。
⑥ ④を加え、すぐに炊飯する。
⑦ 十分に蒸らしてから軽く混ぜ、黒いりごまを散らす。

 POINT
ホクホク食感のさつまいもがおすすめ。水切りが甘いと炊き上がりが柔らかくなってしまうため、さつまいもの水分はペーパータオルなどでよくふき取ります。また、時間が経つとベチャっとしてしまうので、調味料を加えたらすぐに炊くのがコツ。

にんじん

どんな料理にも合う
緑黄色野菜の代表選手

DATA

●南房総市の主な生産地
全域

●南房総市の旬の季節
12〜1月

●主な栄養素・成分
β-カロテン、ビタミンB

●保存方法
1本ずつペーパータオルで包み、ポリ袋に入れて冷蔵庫の野菜室で立てて保存します。

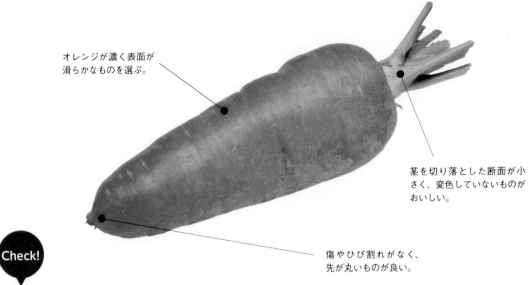

オレンジが濃く表面が
滑らかなものを選ぶ。

茎を切り落とした断面が小さく、変色していないものがおいしい。

傷やひび割れがなく、
先が丸いものが良い。

Check!

品種改良で子どもにもより食べやすく

　和洋中さまざまな料理に使え、常備しておきたい野菜の一つです。その独特の香りや味から、以前は子どもが苦手な野菜とされていましたが、品種改良で香りが少なく食べやすいものが増え、好きな野菜に変わってきています。

葉も食べられる

　葉付きのものが手に入ったら、ビタミンCやカルシウムが豊富なので、捨てずにぜひ活用を。スープやサラダのほか、かき揚げにすると香りも楽しめます。

 **オススメの調理法**

　β-カロテンは脂溶性なので油で炒めると効率よく吸収できます。実よりも皮の方に多く含まれるので、皮ごと炒めるにんじんしりしりがおすすめ。

 生産者の声

子どもたちの笑顔が励み

山口 茂行さん（丸山地区）

　農家を継いで20年以上になります。にんじんの他、ブロッコリーやさといも、トレビスなどの珍しい野菜も作っています。作物によって土に合う、合わないがありますので、試行錯誤の毎日です。学校給食に野菜を提供するようになって7年くらいになります。「給食レストラン」で自分が作った野菜を子どもたちがおいしそうに食べてくれるのを見ると、本当にうれしいです。これがあるから頑張れると言ってもいいくらいです。これからも、子どもたちには「顔の見える野菜」を食べてもらいたいですね。

しりしり
副菜

カミカミメニューの定番

[材料(4人分)]

にんじん	10cm		薄口しょうゆ
小松菜	1株	☆	小さじ 1/2
玉ねぎ	1/4個		きび砂糖 … 小さじ 1/2
もやし	50g		だし汁 …… 大さじ 3
ツナ	1/2缶		卵 1個
ごま油	小さじ 1/2		

[作り方]

❶ にんじんは千切り、小松菜は 2 〜 3cm のざく切り、玉ねぎは薄切りにする。もやしは洗っておく。ツナは軽く汁を切り、卵はよく溶いておく。

❷ フライパンにごま油を熱し、にんじんを炒める。

❸ ❷に 8 割方火が通ったら、卵・小松菜以外の材料を加える。

❹ 小松菜をさっと合わせ、☆を加える。

❺ 水分が少なくなるまで炒め、卵を加える。

鮭のもみじ焼き
主菜

鮮やかなオレンジは紅葉のイメージ

[材料(4人分)]

甘塩鮭切り身 …	4切れ	塩	少々
にんじん	1/3本	こしょう	少々
酒	大さじ 1/2	マヨネーズ	大さじ 3

[作り方]

❶ にんじんをすりおろし、軽く水気を切る。

❷ マヨネーズと❶・酒・塩・こしょうを混ぜる。

❸ 鮭の切り身の上に❷をのせる。

❹ オーブンで軽く焼き色が付くまで焼く。

POINT

フライパンだと焼き色が付きにくいので、オーブンレンジではグリル機能を利用するとよいでしょう。焼き色が付きすぎてしまうと、きれいなオレンジ色に見えなくなってしまうので注意。

れんこん

縁起が良いとされ、
栄養価の高さも魅力

DATA

● 南房総市の主な生産地
　全域
● 南房総市の旬の季節
　10 〜 2 月

● 主な栄養素・成分
　ビタミン C、カリウム、食物繊維、
　タンニン
● 保存方法
　乾燥すると味が落ちるので、湿らせた
　新聞紙に包み、ポリ袋に入れて冷蔵庫
　の野菜室で保存します。

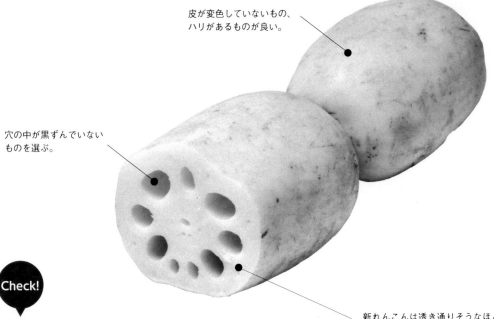

皮が変色していないもの、
ハリがあるものが良い。

穴の中が黒ずんでいない
ものを選ぶ。

新れんこんは透き通りそうなほど
白いのが特徴。

Check!

正月に欠かせない縁起物

　ハスの地下茎が肥大化したもの。穴が開い
ていることから「先が見通せる」と縁起の良
い食べ物とされ、おせち料理では欠かせない
食材となっています。

かぜ予防や疲労回復、美容にも

　熱を加えても壊れにくいビタミン C を豊富
に含み、風邪予防や美肌効果が期待できま
す。また、食物繊維が豊富で便秘解消に役
立ちます。

 オススメの調理法

煮物だけでなく、さっとゆでてサラダにするのもお
すすめ。すりおろしてみそ汁やカレーに入れたり、
イカやエビ、鶏肉などのミンチと合わせてハンバー
グにしてもおいしい。

生産者の声

味よし、栄養よし、鮮度よしのれんこんを届けます

株式会社 髙橋れんこん　髙橋 豊さん（丸山地区）

　れんこんを作り始めて 10 年くらいになります。地域の特色を出すために「嶺岡サ
ラダれんこん」と名付けました。重粘土質の土壌で作るれんこんは、キメが細かくシャ
キシャキした食感と高い糖度が特徴です。れんこんの表皮は褐色がかっているのが
本来の色。アクで保護されているので洗っても白くはなりませんが、アク抜きをする
と果肉は真っ白になります。れんこんはビタミン C と食物繊維が豊富なので、子ども
たちには特に食べてほしいですね。これからも鮮度の良いものを届けていきます。

れんこんのシャキシャキサラダ

いつもよりかために下ゆでして噛む力を身に付けよう

[材料(4人分)]

れんこん	100g	塩	少々
大根	100g	ごまドレッシング(市販品)	
にんじん	1/4本		大さじ2と1/2
きゅうり	1本	かつお節	5g

[作り方]

① れんこんと大根、にんじんは薄いいちょう切りにして、水からゆでる。煮立ってから、約1分下ゆでする。
② きゅうりは輪切りにして塩もみし、水気を切る。
③ 水気を切った①・②を合わせ、ごまドレッシングとかつお節を入れてあえる。

 野菜を少しかために下ゆですることで、噛み応えがアップします。ごまドレッシングだけでなく、かつお節を加えることで風味が増します。

和風カミカミシチュー

和風の食材で作る絶品クリームシチュー

[材料(4人分)]

鶏むね肉	100g	バター	小さじ1
れんこん	70g	牛乳	80g
玉ねぎ	1個	クリームシチュールー	
にんじん	1/2本		50g
こんにゃく	60g	しょうゆ	小さじ1/2
さといも	50g	☆ こしょう	少々
パセリ(みじん切り)		☆ ローレル	少々(葉1枚)
	小さじ1/2	☆ コンソメ	小さじ1/2

[作り方]

① 鶏肉は角切り、れんこんとにんじんはいちょう切り、玉ねぎはスライス、こんにゃくは色紙切り、さといもはひと口大に切る。
② れんこんとこんにゃく、さといもはさっと下ゆでする。
　※ゆで過ぎに注意
③ 鍋にバターを溶かし、鶏肉を炒め、玉ねぎを入れてよく炒める。
④ ③ににんじん・こんにゃく・れんこん・さといもを入れて炒めた後、材料が浸るまで水を入れ、野菜に火が通るまで煮る。
⑤ ④に牛乳を入れ、沸騰してきたらクリームシチュールーと☆を入れる。
⑥ 程よいとろみになるよう水を加減しながら、15分程度弱火で煮込む。
⑦ しょうゆを少しずつ加えて味を調え、仕上げにパセリを加える。

セロリ

品質の高さは
市場でも折り紙付き

DATA

●南房総市の主な生産地
富山地区ほか

●南房総市の旬の季節
12 〜 4 月
（最盛期は 1 〜 3 月）

●主な栄養素・成分
食物繊維、β - カロテン

●保存方法
葉と茎を切り分け、それぞれ湿らせた新聞紙などで包み、ポリ袋に入れて冷蔵庫の野菜室で立てて保存します。

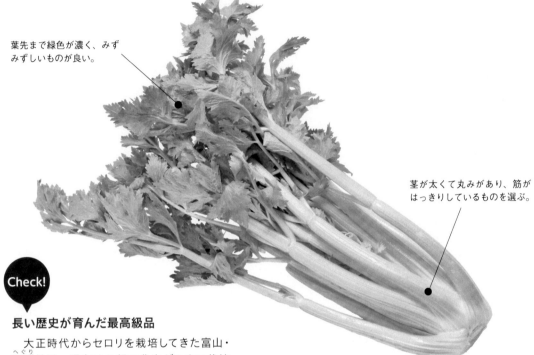

葉先まで緑色が濃く、みずみずしいものが良い。

茎が太くて丸みがあり、筋がはっきりしているものを選ぶ。

Check!

長い歴史が育んだ最高級品

大正時代からセロリを栽培してきた富山・平群（へぐり）地区。現在は 5 軒の農家がハウス栽培を行っています。南房総市産のセロリは、みずみずしくて柔らかい上等級品質。シャリっとした歯応えと爽やかな香りが特徴です。

豊富な食物繊維で生活習慣病を予防

食物繊維が豊富なので便秘解消やコレステロールを下げる作用が期待できます。特有の香りには心を落ち着かせる効果も。β - カロテンが多い葉も捨てずに食べましょう。

 オススメの調理法

肉や魚のにおいを消してくれる香味野菜としておなじみの食材ですが、生でも炒めても煮ても美味。加熱すると独特の香りが和らぎ、うま味が出てくるので食べやすくなります。スープやカレーなどの隠し味にするのがおすすめ。

生産者の声

香り高く甘みのある自慢のセロリ

マルヒラセロリ・インゲン組合の皆さん（富山地区）

化学薬剤を使わず、フスマを土に混ぜて発酵させた熱で土を殺菌し、酪農家が作った堆肥で育てたセロリは、根の張りが良く、I 株で 2kg にまで成長します。甘みが強く、サラダにして食べるのがおすすめです。給食には切ったその日のものを届けています。独特の香りがあるので食べず嫌いの子どもが多いですが、給食で食べてくれていると聞くとやりがいを感じます。

セロリチャンプルー

セロリの香りとシャキッと感が楽しめる

［材料(4人分)］

セロリ	小1本(80g)	豚モモこま切れ肉	
にんじん	1/3本		80g
キャベツ	1枚	ごま油	小さじ1
長ねぎ	1/2本	☆	鶏がらスープの素(顆粒)
木綿豆腐	1/2丁(150g)		少々
卵	2個		塩 小さじ1
焼き麩	20g		こしょう 少々

［作り方］

❶ セロリは筋を取って斜め薄切りに、葉はざく切り、にんじんは5cm長さの短冊切り、キャベツは1cm幅に、長ねぎはみじん切りにする。

❷ 豆腐は水切りして2×1cmに切る。卵は溶きほぐす。焼き麩は水で戻し、水気をぎゅっとしぼる。

❸ フライパンにごま油を熱して長ねぎを炒め、香りが立ったら豚肉を炒める。にんじん、セロリ、キャベツ、豆腐、焼き麩、セロリの葉の順に炒め合わせる。

❹ 溶き卵を回しかけて好みのかたさまで火を通し、☆で調味する。

カミカミサラダ

食感の違いが楽しい

［材料(4人分)］

セロリ	1/4本	しょうゆ	大さじ2
キャベツ	1/4個	酢	大さじ1と2/3
大根	中2cm	きび砂糖	小さじ1と1/2
きゅうり	1/2本	☆ こしょう	少々
にんじん	1/4本	サラダ油	大さじ1
ごぼう	1/4本	ごま油	少々
さきいか	40g 小パック		

［作り方］

❶ セロリは3mm幅、キャベツは1cm幅、大根・にんじんは3mmのいちょう切り、きゅうり・ごぼうは3mmの小口切りにする。

❷ さきいかは4cm幅に切り、フライパンで炒めるかオーブントースターで焼いて少し焼き色を付ける。

❸ ❶をゆでて、冷ます。　※ゆで過ぎに注意

❹ ☆でドレッシングを作る。

❺ ❷・❸・❹をあわせる。

生で食べられる野菜はそのままの方が「カミカミ」になります。さきいかは焼き色を付けることで香ばしさがアップします。

大根

部位ごとに異なる
味と食感を楽しもう

DATA
- ●南房総市の主な生産地
  全域
- ●南房総市の旬の季節
  10〜6月、8月
  （最盛期は 11〜2 月）
- ●主な栄養素・成分
  ジアスターゼ、ビタミンC
- ●保存方法
  葉から水分が蒸発するため、葉を切り落とし、湿らせた新聞紙で包んで冷蔵庫の野菜室で立てて保存します。

持ったときにずっしりと重い
ものがみずみずしい。

色が良くハリがあり、まっすぐで
太いものを選ぶ。

ひげ根の毛穴が浅くて
少ないものが良い。

Check!

部位ごとに調理法を変えて

葉に近い部分は硬くて甘いので、大根おろしやサラダに。真ん中の部分は柔らかいので煮物に、下の部分は辛みが強いので大人向けの薬味にするなどして、余すところなく味わいましょう。

栄養抜群の葉も食べよう

捨てられることの多い葉ですが、根よりもβ-カロテンやミネラルなどが豊富。みそ汁の具にしたり、細かく刻んでしょうゆと砂糖で炒めてふりかけにしたりするのがおすすめ。

 オススメの調理法

サラダ、煮物、汁物など、いろいろな調理に使え、全国各地で大根を使った郷土料理が受け継がれています。切干大根はうま味と栄養素がぐっと増し、噛み応えもアップ。積極的に食べましょう。

生産者の声

農業体験を通して食への興味を抱いてほしい

ワタミファーム白浜農場　岡田 智行さん（白浜地区）

冬は大根、夏はオクラやしょうがなど、さまざまな野菜を育てています。化学肥料や農薬は一切使わず、堆肥や緑肥で育てます。土はフカフカになるよう丁寧に耕し、草取りも一本一本手で行います。労力はかかりますが、えぐみがなく、何より安全安心な大根が作れます。白浜小学校の子どもたちに、オクラの種まきから収穫までの一連の作業を体験してもらっています。体験を通して、自然の力を借りてこれだけのものが作れること、そして手間暇をかけて作った食べ物へのありがたみを感じてほしいですね。

大根と春雨の炒め物

副菜

炒めてもおいしい

[材料(4人分)]

大根	2.5cm(100g)	油	適宜
緑豆春雨	30g	ごま油	小さじ1
乾燥きくらげ	5g	☆ 中華だし	少々
にら	4束(25g)	きび砂糖	小さじ1
豚ひき肉	70g	薄口しょうゆ	小さじ2
にんにく(みじん切り)	少々	酒	小さじ1
しょうが(みじん切り)	少々		

[作り方]

❶にらは3cm、大根は2mm程度の厚みで、にらの長さにそろえて短冊切りにする。

❷春雨は水に浸して戻しておく。きくらげも水で戻し、細切りにする。

❸フライパンに油を熱し、みじん切りにしたにんにくとしょうがを炒める。

❹❸に豚ひき肉を加えて、そぼろ状に炒める。

❺❹に大根を加えて炒め、少ししんなりしたら、❷、にらの順に加えて炒める。

❻☆で味を調える。最後にごま油を回し入れて香りを付ける。

ごまドレサラダ

副菜

あっさりだけどコクがある

[材料(4人分)]

大根	1cm	サラダ油	大さじ2/3
チンゲン菜	小1株	きび砂糖	大さじ1弱
キャベツ	2枚程度	☆ 酢	大さじ2/3強
冷凍ホールコーン	適宜	しょうゆ	大さじ1/2強
		白いりごま	小さじ2

[作り方]

❶大根はいちょう切り、チンゲン菜とキャベツは2cm程度に切る。

❷鍋に湯を沸かし、冷凍ホールコーンと大根、キャベツ、チンゲン菜の順に加えてゆでる。

❸ザルなどにあけ、流水で冷やし、軽くしぼって水気を切る。

❹大きめのボールに☆を加えてドレッシングを作り、❸をあえる。

POINT 大根は少し厚めに切り、ゆで時間を短めにして歯応えを残します。薄めに切って、生で食べてもOK。

白菜

鍋で圧倒的な人気
冬野菜の代表格

DATA	●主な栄養素・成分
●南房総市の主な生産地 　全域	食物繊維、カリウム、ビタミンC
	●保存方法
●南房総市の旬の季節 　11〜12月	丸のまま新聞紙に包み、涼しい場所に 　立てて保存します。横にすると重みで 　下の葉が傷みます。カットしたものは 　ラップで包み、冷蔵庫へ。

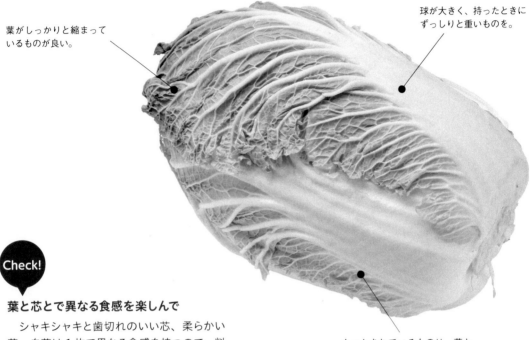

葉がしっかりと縮まって
いるものが良い。

球が大きく、持ったときに
ずっしりと重いものを。

カットされているものは、葉と
葉の間に隙間がなく、断面が平
らなものを選ぶ。

Check!

葉と芯とで異なる食感を楽しんで

　シャキシャキと歯切れのいい芯、柔らかい
葉。白菜は1枚で異なる食感を持つので、料
理で使い分けるのがポイント。白菜を加熱す
るときは、芯から火を入れて、葉は最後にさっ
と火を通して、加熱ムラを防ぎましょう。

低カロリーで食物繊維が豊富

　ほとんどが水分でカロリーが低く、食物繊
維が豊富なダイエットに最適の野菜。塩分を
排出するカリウムやビタミンCが豊富。冬の
風邪予防にもおすすめです。

 オススメの調理法

クセのない野菜なので、漬物、鍋物、あえ物など、
さまざまな調理法で楽しめます。素材の味をシンプ
ルに楽しむなら、漬物や鍋物がおすすめ。

生産者の声

野菜の本当の味を知ってほしい

大紺屋農園　足達 崇さん（富山地区）

　娘と一緒に白菜や大根の他、イタリア野菜のロマネスコなど多品種の野菜を作って
います。白菜は8月後半に種をまくため、暑さと虫対策に苦労します。栽培期間中は
農薬を使わないので、アブラムシを食べてくれるテントウムシは強い味方ですね。野
菜づくりは子育てと一緒。よく面倒を見てあげると大きく育ちます。「給食レストラン」
では、どんな野菜が好きかとか、どうやって野菜が作られるのかを子どもたちと話を
します。野菜にはあまり味付けをしないで、自然な甘さを味わってほしいですね。

すき焼風煮

甘辛い味付けでご飯がすすむ

[材料(4人分)]

白菜…………… 2枚(200g)	酒 ………… 小さじ1
にんじん……… 1/4本	みりん …… 小さじ1/2
豚肉………… 120g	☆ きび砂糖 … 大さじ2弱
白滝………… 100g	しょうゆ … 大さじ2
焼き豆腐……… 1/2丁(200g)	和風だし … 小さじ1弱
焼き麩………… 10g	
小松菜………… 2株	
長ねぎ………… 1/2本	
油…………… 小さじ1弱	

[作り方]

❶白菜は2～3cmのざく切り、にんじんはいちょう切り、焼き豆腐は2cm角、焼き麩は2cm大、小松菜は1cm太めの千切り、長ねぎは1cmの斜め切り、白滝は5cmくらいに切る。

❷油を熱し、豚肉・にんじんを炒める。

❸❷に白菜を入れ混ぜ、☆を入れる。

❹白滝・焼き麩を入れ混ぜ、焼き豆腐を加え、材料に火を通す。

❺小松菜・長ねぎを入れ混ぜ加熱する。

白菜のゆず香あえ

はちみつでほんのりやさしい味に

[材料(4人分)]

白菜…………… 2枚	しょうゆ … 大さじ1
小松菜………… 1/2束	☆ はちみつ … 小さじ1
にんじん……… 1/5本	ゆず果汁 … 1個分
	ゆず皮………… 少々

[作り方]

❶白菜は1cm程度の千切り、にんじんは千切りにする。小松菜は根本をよく洗い、3cm程度に切る。

❷鍋に湯を沸かし、にんじん・白菜・小松菜の順に入れて、さっとゆでる。

❸❷を水で冷やして、水気をよくしぼる。

❹ゆずは、よく洗って果汁をしぼり、皮は適量を刻んでおく。

❺☆を耐熱容器に入れ、電子レンジで20秒程度加熱し、よく混ぜる。

❻❸・❺・刻んだゆず皮を適量混ぜ合わせる。

野菜は歯応えが残るようさっとゆでます。ゆずは最後に混ぜて仕上げるのがポイント。

南房総市の特産品・加工品

豊かな食の幸に恵まれた南房総市。
学校給食では、さまざまな地場産品を積極的に給食に取り入れています。
子どもたちの健康を支える生産者こだわりの品をご紹介します。

新鮮なアジを使った郷土料理
伏姫さんが焼 ［1個302円］

　南房総の漁師料理、「なめろう」をハンバーグ状に焼いたもの。青倉商店のさんが焼きは、新鮮な地元のアジに地物の菜花・房州長ひじきをはじめ10種類以上の野菜を刻み込んでおり、しっとり柔らかい食感です。化学調味料・合成着色料・保存料・アレルゲン28品目不使用。

問 ㈲青倉商店　☎ 0470-57-2900
https://www.aokura-sanga.com/

無添加の手づくりみそ
三芳のみそ
［1パック800g入り720円］

　地元・三芳産の米と国産大豆を使用し、甘塩と手づくりの麹で作られた、安心・安全な無添加のみそです。まろやかな優しい味わいで、25年にわたり地元のお母さんたちがほとんど手作業で作り続けています。

問 農産物直売所 土のめぐみ館
　　（道の駅三芳村内）
　　☎ 0470-36-3209

100％国産の純粋はちみつ
房州はちみつ
［とち蜜（左）1,100円／アカシア蜜（右）1,200円］

　冬の間南房総で育てたミツバチを、春から夏にかけて山形と岩手に運び、農薬に触れない山奥のアカシアやトチの木から採取したはちみつです。天然ものならではの色や味の違いが楽しめます。

問 島津養蜂場
　　☎ 0470-47-3381

丁寧な選別による高い品質
ひじき ［1袋700円］

　房州の名産品の一つであるひじき。春の大潮のときに収穫され、乾燥させたひじきをピンセットを使って一本一本選別しています。太くて柔らかいので食べやすく、煮物はもちろんサラダなどにもおすすめ。

問 東安房漁業協同組合 白浜出張所
　　☎ 0470-38-4611

村長さんの豚肉みそ漬 ［1袋250g入り600円］

　地元ではおなじみの焼き肉店が、先代の味と製法を受け継ぎ、国産の豚肉と自家製の漬け汁で手づくりしたみそ漬け。玉ねぎの甘みとニンニクの風味が食欲をそそる一品です。ご飯のお供にぴったり。

問 ㈲スズキ ☎ 090-3315-8695

焼きのり（青とび）
［1袋10枚入り540円］

　黒のりに独特の風味のある青のりをブレンドしたのり。店舗で直焼きしているので、袋を開けるとふんわりと磯の香りが広がり、そのまま食べても美味。遠方からも買い求めるファンがいるほどの名品です。

問 焼きのりの店 らんぷや
　　☎ 0470-44-2475

文化干し

　地元で獲れたサンマやサバを、赤穂の甘塩とちば醤油のしょうゆを使って文化干しや竜田揚げに。まろやかな味わいで、調味料は添加物不使用のため安全・安心。小さな子どもでも食べやすいよう、骨取り加工がされています。

問 ㈱つかさ食品 ☎ 0470-40-1145

漬け魚

　独自の製法で、魚のうま味を最大限に引き出した西京漬や粕漬は、数々の受賞歴を持ち贈答品にも使われる逸品。中でもサワラの柚庵漬けは、臭みもなくおいしいと学校給食で子どもたちに評判です。

問 ㈲三浦商店 ☎ 0470-44-1802

卵焼き ※非売品のため購入は応相談

　太陽光と自然の風が良く入り、季節の寒暖差にも対応できる鶏舎で元気に育てられた鶏が生む卵は、地元の洋菓子店でも使われるおいしさ。その卵液で作られるふっくらした卵焼きは、子どもたちの大好物です。

問 ㈲武山ポートリー
　　☎ 0470-47-2654

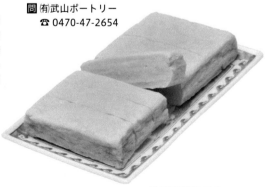

鰹節けずり節 ［1袋360円］

　地元で獲れたカツオから、伝統的な燻乾法で作られた鰹節。海に面した店舗の敷地に広げて干し、強い日光と澄んだ風を浴びることにより生まれるうま味は絶品。市販品では出せない削りたての香りを味わってください。

問 ㈲羽山商店 ☎ 0470-44-0560

※価格は税込です。

給食をさらにおいしく！
子どもに大人気のソースレシピ

料理をよりおいしくしてくれるさまざまなソース。手作りなら好みの味に調整したり、使いきれずに余ったりすることもありません。子どもたちにも大人気のソースのレシピを紹介します。

梅干しが苦手な子どもでもOK
梅ソース

[材料(4人分)]
しょうゆ ……………………………… 小さじ2
白ワイン（なければ酒）…………… 大さじ1/2
みりん……… 小さじ1　塩こうじ……… 小さじ1
きび砂糖…小さじ1/2　梅干し（大きめ）…1個

[作り方]
❶梅干しは種を取り除き、よくたたく。
❷しょうゆ・白ワイン・みりん・塩こうじ・きび砂糖・❶をよく混ぜ、ひと煮立ちさせる。

梅干しがしょっぱい場合はしょうゆを減らし、酸味が好きな人は砂糖を控えめにすると酸味がたちます。鶏肉や豚肉におすすめ。

愛情たっぷり"お母さんのみそ"
ごまみそだれ

[材料(4人分)]
酒……小さじ1　みりん……小さじ1
きび砂糖……… 大さじ1と1/2強
水…………… 大さじ1と1/2
みそ………… 大さじ1と1/2強
白いりごま………………………適量

[作り方]
❶小鍋に、酒・みりん・きび砂糖を入れ、弱火で煮溶かす。
❷みそを水で溶いたものを❶に加え、弱火で少しとろみが出るまでフツフツと煮る。
❸白いりごまを適量入れ混ぜる。

給食では、地元の生産者が作った愛情たっぷりのみそを使用しています。みそを焦がさないように火加減に気をつけ、とろみが出るように水分を調整してください。

子どもたちがソースだけおかわりにくるほど人気
和風おろしソース

[材料(4人分)]
大根……… 60g　えのき茸……… 15g
レモン果汁…小さじ1　みりん…小さじ1/3
きび砂糖………………………… 小さじ1/2
しょうゆ…………………… 小さじ1と1/2
和風だし（顆粒）…………… 小さじ1/4

[作り方]
❶大根おろしを作る。えのき茸は2cmくらいの長さに切り、洗っておく。
❷鍋にみりん・❶を入れ、中火で煮る。
❸えのき茸に火が通ったら、きび砂糖・和風だし・しょうゆを入れ、味を調える（味が濃い場合、水を入れて調整する）。
❹仕上げにレモン果汁を加え、ひと煮立ちしたら出来上がり。

年度末になると「中学卒業前にぜひ食べたい！」という声がたくさん挙がります。ハンバーグはもちろん、魚や鶏肉、たまご焼きにも合います。

コクがありご飯がすすむ味。魚にも肉にも◎
まろやか旨ソース

[材料(4人分)]
水…50cc　白ワイン（または酒）…大さじ1と1/3
みりん…… 小さじ2　きび砂糖…… 小さじ1
コンソメ顆粒…小さじ1/4　片栗粉…小さじ1/2
中濃ソース ……………… 大さじ1と1/2
トマトケチャップ ………………… 大さじ1/2
しょうゆ…小さじ1　レモン果汁…小さじ1/2

[作り方]
❶小鍋に水・白ワイン・みりん・きび砂糖・コンソメを入れて中〜弱火で煮溶かす。
❷フツフツしてきたら中濃ソース・トマトケチャップ・しょうゆ・レモン果汁を入れて混ぜる。
❸一度火を止めてから水溶き片栗粉を入れ、再度弱火で加熱してとろみをつける。

一度火を止めてから水溶き片栗粉を加え再度加熱すると、ダマにならずとろみがきれいに仕上がります。

Chapter 3

ここがすごい！
南房総市の
ご飯給食

[和田地区（和田漁港）]
日本に4カ所しかない捕鯨基地の一つがあり、
「くじらのまち」として全国的にも有名。昔ながら
の漁港風景は歴史を感じさせます。花卉栽培や酪農
を中心とした農業も盛んな地区で、安房拓心高校
は農業高校として長く地域の農業発展の使命を果
たしています。

豊かな海の幸を活かし
オリジナリティあふれる魚献立を

漁業が盛んな南房総市では、くじら漁やひじき漁が今でも大切に受け継がれています。子どもたちに魚料理を身近に感じてもらうために、地域で獲れた海の幸を活かした献立づくりを行っています。

「くじら尽くし給食」と、一緒に配布された教材プリント

頭から尾まで 残すところなく食べられるくじら

約70年前からくじら漁が行われている和田地区では、年に2、3回、給食にくじら料理が提供されます。令和2年10月には、嶺南小学校と嶺南中学校で初めて「くじら尽くし給食」が登場しました。普段食べている赤肉を使った竜田揚げのほか、尾を使ったあえ物や舌を使ったみそ汁などの珍しい献立が、子どもたちの興味を引き付けました。

和田地区では、地域を知る学習の一環としてくじらの解体見学を行っています（P75）。子どもたちは、学習で得たくじらの知識を、実際に食べて体感することで、より深く理解することができます。

伝統製法と手作業が生み出す 貴重なひじき

国内市場で流通しているひじきは約9割が中国・韓国産です。国産は約1割で、そのほとんどが天然物。千倉から白浜にかけては優良なひじきの漁場で、3～5月の大潮の時に収穫が行われます。

収穫されたひじきは、すぐに東安房漁業協同組合の加工場に運ばれ、ゆでて乾燥したのち倉庫で保管されます。これは「房州製法」と呼ばれる伝統的な製法です。乾燥させたひじきは、異物や状態の良くないものを目視で取り除き、製品化されます。

房州ひじきは太くてつやがあり、味が濃いのが特徴。鉄分やミネラルが豊富で、子どもの成長に欠かせないカルシウムや食物繊維も豊富です。白浜地区では、子どもたちはひじきの収穫体験を通して海の魅力を再認識しています（P74）。

大量のひじきの中からピンセットで一つ一つ異物を取り除く、根気のいる作業です

南房総野菜がたっぷりの酢鯨（すげい） 主菜
程よい酸味で子どもたちに大人気

[材料(4人分)]

冷凍味付けくじら肉
……………… 160g
片栗粉………… 大さじ2
米粉………… 小さじ3
油…………… 適宜
しょうが(みじん切り)
……………… 少々
にんにく(みじん切り)
……………… 少々
玉ねぎ………… 1/2個
にんじん……… 1/2本

れんこん……… 1/2節(70g)
ピーマン……… 1/2個
しいたけ……… 2個

☆
┌ ケチャップ
│ ……… 大さじ1強
│ きび砂糖 … 大さじ1強
│ しょうゆ … 大さじ2/3強
│ 中華だし(顆粒)
│ ……………… 少々
└ 酢 ……… 大さじ1/2
ごま油………… 適宜

[作り方]

❶ 玉ねぎはざく切り、にんじん・れんこんはいちょう切り、ピーマンは角切り、しいたけは6～8等分にしておく。

❷ くじら肉は流水で解凍し、片栗粉と米粉を合わせた粉をまぶして揚げる。

❸ れんこんは下ゆでしておく。

❹ しょうがとにんにくをごま油で炒め、にんじん・玉ねぎを加えて炒める。

❺ ❸・しいたけを加えて炒め、☆で味付けする。

❻ ピーマンをさっと素揚げしてから加える。

くじらの竜田揚げ 主菜
南房総市の貴重な伝統料理

[材料(4人分)]

くじら肉(赤身) 240g
☆
┌ しょうゆ … 大さじ2
│ 酒 ………… 小さじ1と1/2
│ しょうが(すりおろし)
│ ………… 小さじ1
│ きび砂糖 … 小さじ1/2
└ みりん …… 小さじ1/2

片栗粉………… 適量
油……………… 適量

[作り方]

❶ くじら肉は7mmの厚さで大きめのひと口大に切る。

❷ ☆を混ぜ合わせ、❶を30分以上つけ込む。

❸ 汁気を切った❷に片栗粉をまぶし、180℃に熱した油でカラリと揚げる。

POINT 揚げすぎると硬くなるので注意しましょう。

※くじら肉は外房捕鯨株式会社のホームページから購入できます。
http://www.tsu-kujiraya.com

ひじきサラダ

栄養がたっぷり詰まったサラダ

[材料(4人分)]

乾燥芽ひじき … 3g		和風ドレッシング	
にんじん ……… 1/4本		………………… 大さじ2	
キャベツ ……… 3枚		青じそドレッシング	
ブロッコリー … 1/4株		………………… 小さじ2	
ツナフレーク … 1/2缶			

[作り方]

① 芽ひじきを水で戻す。にんじんは千切り、キャベツは1cm幅の千切り、ブロッコリーは小さめのひと口大に切る。

② ①を熱湯でさっと下ゆでし、水気をよく切る。

③ ボウルにツナをほぐしておき、②とドレッシングを入れて、あえる。

 POINT
ひじきと野菜は、歯応えが良くなるよう、さっとゆでるのがポイント。ブロッコリーの代わりにきゅうりや菜の花など、旬の野菜を使ってもOK。和風ドレッシングだけでなく、青じそドレッシングを混ぜるとさっぱりした味わいに。

大豆の磯煮

成長期に欠かせない鉄分、カルシウムが豊富

[材料(4人分)]

乾燥長ひじき … 12g		油………………… 小さじ1/2	
豚肉(こま切れ) … 20g		きび砂糖 … 大さじ1/2弱	
にんじん ……… 1/4本	☆	みりん …… 小さじ1	
つきこんにゃく… 40g		酒 ……… 小さじ1	
乾燥大豆 ……… 16g		だし汁 …… 100ml	
さつま揚げ …… 20g		しょうゆ ……… 大さじ1/2強	
いんげん ……… 3本			

[作り方]

① 大豆は一晩水につけておく。鍋に大豆と水を入れ、沸騰してから15分程度ゆでる。

② 長ひじきは水で戻し、3cm程度に切る。

③ にんじんは千切り、つきこんにゃくは3cm程度、さつま揚げは短冊切り、いんげんは熱湯でゆで、2cm程度に切る。

④ 鍋に油を引き、豚肉を炒める。にんじん・つきこんにゃく・①・②を加えて炒め合わせる。☆を混ぜ入れ、中火〜弱火で5分程度煮る。

⑤ ひじきが柔らかくなったら、さつま揚げとしょうゆを入れて味を調える。仕上げにいんげんを入れて混ぜ合わせる。

わかめサラダ

和食にも中華にもピッタリ

[材料(4人分)]

蒸し鶏………… 60g	
わかめ……… 100g	
きゅうり……… 1本	
キャベツ……… 2枚	
もやし……… 100g	

☆
ごま油 …… 大さじ1
しょうゆ … 大さじ1
レモン果汁… 少々
酢 ……… 小さじ2
きび砂糖 … 小さじ2

白いりごま …… 大さじ1
塩……………… 少々
こしょう ……… 少々

[作り方]

❶蒸し鶏をほぐす。
❷乾燥わかめの場合は戻し、塩蔵わかめの場合は塩抜きして食べやすい大きさに切る。
❸きゅうりは薄く小口切りにし、キャベツは1cmの千切りにする。もやしはゆでて冷ます。
❹☆を混ぜ合わせ、ドレッシングを作る。
❺1・2・3と4・白いりごまをあえる。塩とこしょうで味を調える。

POINT
蒸し鶏は市販のサラダチキンや水煮でもOK。見栄えが悪くなるので、ほぐし過ぎないように。

Close up!

郷土の貴重な特産品　**大葉わかめ**

　南房総市富浦町の大房沖で3月から4月に採れる早春の味覚。通常の細長く育つわかめとは異なり、一枚の大きな葉っぱのような形に育つわかめです。肉厚かつ独特の香りが特徴で、天然物が収穫される場所は日本でも数カ所しか知られていません。3月上旬の解禁日には、収穫した大葉わかめを砂浜で干す「砂干し」の作業が見られ、春の風物詩となっています。

　富浦漁港では平成12年から養殖を行っており、例年12月ごろに種付けを開始し、1月中旬から2月中旬にかけて収穫されます。収穫された大葉わかめは漁港の直売所やイベント会場で販売され、行列ができるほどの人気商品となっています。

　なお地元の富浦中学校では、大葉わかめの種付け体験を実施し、食農教育に取り組んでいます（P75）。

 オススメの調理法

みそ汁、酢の物のほか、さっとゆでて「大葉わかめのしゃぶしゃぶ」や、ゆでて水で冷ましてしょうがじょうゆで食べると、わかめ本来のおいしさが味わえます。

イカの更紗揚げ

噛み応え、食べ応え十分

[材料(4人分)]

イカの胴	300g	片栗粉	大さじ 4
	しょうが(すりおろし)	カレー粉	小さじ 1/8
	小さじ 1/4	油	適量
☆	しょうゆ 小さじ 2		
	塩 小さじ 1/4		
	酒 大さじ 1		

[作り方]

1. イカは 4 等分に切り、片側に格子の切れ込みを入れる。
2. ☆を混ぜ合わせ、1を 30 分以上つける。
3. 片栗粉とカレー粉を混ぜ、汁気を切った2にまぶす。
4. 3を 175℃程度に熱した油で揚げる。

 イカは下味をよくつけ込み、片栗粉は少なめにカラッ
と揚げます。揚げ過ぎると油がはねるので注意。

サバのねぎソースがけ

ねぎの香味で食欲倍増

[材料(4人分)]

サバの切り身	4切れ	酒	小さじ 1/4
酒	適宜	きび砂糖	大さじ 1と1/2
塩	適宜	☆ しょうゆ	大さじ 1
片栗粉	適宜	酢	大さじ 1
油	適宜	水	適宜
ごま油	小さじ 1/3		
長ねぎ	1/3本		
しょうが(すりおろし)			
	大さじ 1/2		
にんにく(すりおろし)			
	小さじ 1/2		

[作り方]

1. サバの切り身に、少量の酒と塩を振っておく。片栗粉
   をまぶし、油で揚げる。
2. 長ねぎをみじん切りにする。鍋にごま油をひき、長ね
   ぎ・しょうが・にんにくを軽く炒める。
3. ☆を加えて加熱し、味を調え、ねぎソースを作る。
   味が濃い場合は水を入れて調整する。
4. 1に3をかけて出来上がり。

アジのさんがら
ご飯のおともに

[材料(4人分)]

アジすり身 …… 200g	しょうが(すりおろし)
にんじん ……… 2cm(20g)	………… 小さじ1
長ねぎ ……… 1/2本(50g)	きび砂糖 … 大さじ1
むき枝豆 …… 適量	☆ しょうゆ … 小さじ2
油 ……… 小さじ1弱	みりん …… 小さじ1弱
白いりごま …… 適量	酒 ……… 小さじ1
	みそ … 大さじ1と1/2弱
	だし汁 …… 50g

[作り方]

① にんじんと長ねぎはみじん切りにする。

② 油を熱し、にんじん・アジすり身と長ねぎを半量入れ炒める。

③ ☆を入れて味を調え、残りの長ねぎ・むき枝豆を入れ加熱する。

④ 仕上げに白いりごまを入れる。

POINT
炒め煮のように、だし汁などの水分を入れてからパラパラになるように加熱してください。味付けが濃くならないよう調整してください。

ブリのゆずみそがけ
ゆずの香りで魚をよりおいしく

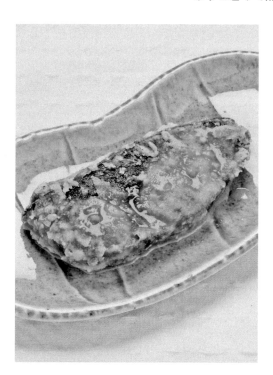

[材料(4人分)]

ブリの切り身 … 4切れ	みそ …… 大さじ2/3
塩……………… 少々	☆ みりん …… 大さじ1/2
酒……………… 少々	きび砂糖 … 大さじ2/3
片栗粉………… 適宜	水 ……… 1/4カップ
米粉…………… 適宜	ゆずのしぼり汁
油……………… 適宜	………… 大さじ1
	ゆずの皮(すりおろし)
	………… 適宜

[作り方]

① ブリの切り身に塩と酒を振る。

② 片栗粉と米粉を1：1で混ぜ、①にまぶして揚げる。

③ 小さめのフライパンに☆を混ぜて火にかける。ゆずのしぼり汁を加えてタレを作る。すりおろしたゆずの皮も加える。

④ 揚げたての②に③をかける。

POINT
魚から出た水分はペーパーなどで取り除くとおいしく仕上がります。ゆずの皮を加える量はお好みで。

不足しがちな栄養素を
普段の食事でバランスよく補う

子どもたちの健やかな成長を支えるには、さまざまな栄養素が必要です。学校給食では、不足しがちな栄養素もきちんと摂取できる献立を取り入れています。

▌たんぱく質

子どもは成長するにつれ、体がどんどん大きくなります。その成長に欠かせないのが筋肉や骨の成長を助けるたんぱく質です。たんぱく質は三大栄養素の一つで、主菜となる肉・魚・卵・大豆製品などに多く含まれています。なかでも鶏肉は、ヘルシーで消化吸収率が高いたんぱく質を多く含むといわれています。成長期の子どもは大人と同じくらいのたんぱく質が必要ですので、一週間の献立にうまく取り入れるとよいでしょう。

▌食物繊維

子どもはもちろん、大人でも摂取量の低下が問題視されている栄養素です。食物繊維には、血中のコレステロールの吸収を抑えたり食後の血糖値の急激な上昇を防いだりする水溶性食物繊維と、大腸のはたらきを促して便通を良くし、ガンを予防する不溶性食物繊維の2種類があります。水溶性食物繊維は果物や海藻・キノコ類に、不溶性食物繊維は野菜や穀類・豆類などに含まれます。毎食取り入れて、生活習慣病を予防しましょう。

▌カルシウム

カルシウムは、三大栄養素とともに大切な栄養素で、骨や歯をつくるだけでなく、筋肉の働きを助けたり、精神を安定させたりといった作用もあります。カルシウムは牛乳・乳製品のほか、野菜、豆類、穀類、魚介など多くの食物に含まれています。含有量が豊富な小松菜とじゃこは、特に子どもに食べさせたい食品です。給食がない日は牛乳がないので、カルシウム摂取量が不足しがち。休日の献立にはぜひ取り入れてください。

▌鉄分

鉄は体内細胞に酸素を運ぶヘモグロビンの材料となるミネラルです。不足すると貧血やだるさ、めまいなどを引き起こし、特に赤ちゃんの脳や神経の発達に悪影響を及ぼします。鉄は吸収率が低く、意識してもなかなか摂取するのが難しい栄養素です。多く含むものとしてレバーやほうれん草が挙げられますが、実はさまざまな食材に含まれています。単品で食べるのではなく、肉や野菜、果物などと一緒に食べると良いでしょう。

たんぱく質

鶏肉の甘がらめ
また食べたくなる味

[材料(4人分)]

鶏もも肉 …… 320g
しょうが(すりおろし)
………… 小さじ1/2
塩……………… 少々
酒……………… 小さじ1
片栗粉………… 大さじ4

☆
水 ………… 大さじ4
酒 ………… 大さじ1/2
きび砂糖 … 大さじ3
しょうゆ … 大さじ4
レモン果汁 … 大さじ1
油……………… 適量

[作り方]

❶鶏肉を食べやすい大きさに切り、しょうがと塩・酒で
下味をつける。
❷鍋に☆を混ぜ合わせて火にかけ、ひと煮立ちさせてタ
レを作る。
❸油を170〜180℃に熱し、❶に片栗粉をまぶし、中
まで火が通るようにじっくり揚げる。
❹❸があつあつのうちに❷をからめる。

 POINT
脂やカロリーが気になる場合は、鶏肉の皮を取ったり、
むね肉を使用したりすると良いでしょう。タレの濃さ
は加熱しているときに水で調整します。レモン果汁を
加熱せずかければさっぱりした味わいに。

たんぱく質

鶏肉のカレーチーズ焼き
カレー×チーズの最強の組み合わせ

[材料(4人分)]

鶏もも肉 …… 300g程度
☆
塩 ……… 小さじ1/3
こしょう … 少々
白ワイン（または酒）
………… 大さじ1/2

★
カレー粉 … 小さじ1
小麦粉 …… 大さじ5
とけるスライスチーズ
………… 1枚

[作り方]

❶鶏肉を4等分に切り、☆に30分程度つけ込み下味
をつける。
❷❶に★を合わせた粉を軽くまぶし、アルミカップなど
に並べる。
❸❷にチーズをのせて焼く。

 POINT
フライパンで焼くときはフタをしてじっくりと。オー
ブン・グリル・トースターで焼くときは焦げないよう
に注意してください。チーズは鶏肉が焼けてからのせ
るのがコツ。

オクラのネバネバあえ

夏バテを防いで食欲アップ

食物繊維

[材料(4人分)]

オクラ ………… 6本
きゅうり ……… 1本
大根 …………… 3cm程度
塩昆布 ………… 4g
かつお節 ……… 2g
しょうが(すりおろし)
……………… 適宜

 ☆

ごま油 …… 小さじ1
しょうゆ … 小さじ2
みそ ……… 小さじ1と1/2
きび砂糖 … 小さじ1/2
塩 ……… 少々

[作り方]

❶オクラは1〜1.5cmの小口切り、きゅうりは縦1/4に切り、1cmに切る。大根は1.5cm角に切る。
❷❶をゆでる。
❸☆を混ぜておく。
❹❷・塩昆布・かつお節・しょうが・❸をあえ、味を調える。

💡POINT

給食では野菜をすべて加熱していますが、きゅうりや大根は生で使用した方が食感が良くなります。塩昆布のなじみ方によって味に違いが出るので、様子を見ながら調味料を加えてください。

うの花いり煮

ほっとする懐かしい味

食物繊維

[材料(4人分)]

おから ………… 50g
鶏ひき肉 ……… 40g
長ねぎ ………… 1/3本
ごぼう ………… 1/5本
にんじん ……… 1/3本
油揚げ ………… 1/2枚
冷凍むき枝豆 … 20g
ごま油 ………… 少々

☆

きび砂糖 … 大さじ1/2
薄口しょうゆ
……………… 大さじ1
和風だし(顆粒)
……………… 少々

[作り方]

❶ごぼうとにんじんは2、3cm程度の千切り、長ねぎは薄めの小口切りにする。ごぼうは水につけておく。
❷油揚げは2、3cmの細切りにして、さっと湯通しする。
❸フライパンにごま油を熱して鶏ひき肉を炒め、そぼろ状になったら、ごぼうとにんじんをしんなりするまで炒める。
❹❸に油揚げ・おから・冷凍むき枝豆を加えて炒め、☆で味付けする。
❺火を止める直前に長ねぎを加える。

カルシウム

小松菜の白あえ
彩り鮮やかに

[材料(4人分)]

小松菜………… 3株	豆腐…………… 1/4丁
キャベツ ……… 50g	☆ しょうゆ … 大さじ 2/3
にんじん ……… 小 1/3本	きび砂糖 … 小さじ 2強
つきこんにゃく	白すりごま
………… 20g	………… 大さじ 1

[作り方]

❶豆腐を耐熱容器に入れ、ラップなしで電子レンジで約2分温めた後、木べらなどでつぶし、冷蔵庫で冷やしておく。

❷つきこんにゃくはさっとゆでてアクを抜き、冷ます。

❸キャベツはざく切り、小松菜は 2cm 程度に切り、にんじんは千切りにする。

❹❸をゆでてから、水にさらして冷まし、水気をしぼる。

❺ボウルに☆を入れて混ぜ、❶・❷・❹を加えてからめる。

 電子レンジで温めた豆腐から出た水分は、捨ててください。野菜をゆでる際、にんじん、キャベツ、小松菜の順に、沸騰した湯に時間差で加えると楽です。

カルシウム

カリカリじゃこあえ
手軽にできるカミカミメニュー

[材料(4人分)]

にんじん …… 2cm程度	和風ドレッシング
ほうれん草 … 4株程度	………… 大さじ 1と 1/2
キャベツ …… 小さめ 2枚程度	ちりめんじゃこ
乾燥わかめ … 2g	………… 大さじ 2

[作り方]

❶にんじんは千切り、キャベツは 1cm の千切りにする。ほうれん草は、根元をよく洗う。

❷鍋に湯を沸かし、にんじん、ほうれん草、キャベツ、乾燥わかめの順に入れて、さっとゆでる。

❸❷を水に取り、水気をよくしぼる。ほうれん草は 2～3cm に切る。

❹ちりめんじゃこは、フライパンでからいりする。
※しらす干しでも可。しらすの場合は少量のごま油でじっくりいる。

❺ボウルに❸とドレッシングを入れ、あえる。

❻❹を入れ、あえる。

納豆あえ

子どもたちに大人気

[材料(4人分)]

にんじん ……… 1/4本
白菜 ………… 1枚
ほうれん草 …… 1/2束
ひきわり納豆 … 1パック
削り節 ……… 3g程度
しょうゆ ……… 大さじ 1/2

[作り方]

❶にんじんは千切り、白菜とほうれん草は1cm幅の千
切りにする。
❷❶を熱湯でさっと下ゆでして、水気を良く切る。
❸ボウルにひきわり納豆と付属のタレを入れて、良く混
ぜる。
❹❸に❷・削り節・しょうゆを加えてあえる。

POINT
白菜をもやしやキャベツに、ほうれん草を小松菜やチ
ンゲン菜にするなど、さまざまな野菜でアレンジが可
能。しらすやちりめんじゃこ、のりやごまを加えると
栄養価と風味がアップします。

切干大根のいり煮

素材の甘みとうま味が絶妙

[材料(4人分)]

切干大根 ……… 18g
干ししいたけ … 丸1枚
つきこんにゃく
……………… 1/3袋
にんじん ……… 3.5cm
さつま揚げ …… 1枚
むき枝豆 ……… 大さじ2
油 …………… 小さじ 1/2

きび砂糖 … 小さじ1
しょうゆ … 大さじ 1/2
酒 ……… 小さじ 1/2
みりん …… 小さじ 1/3
☆
切干大根の戻し汁
………… 大さじ1
干ししいたけの戻し汁
………… 大さじ1

[作り方]

❶切干大根は戻して軽くしぼる。干ししいたけは戻して
薄切りにする。つきこんにゃくは下ゆでしておく。に
んじんは千切り、さつま揚げは0.5×3cm程度の短
冊に切っておく。
❷油を熱し、にんじん・こんにゃくを炒める。
❸切干大根・しいたけを加え、炒める。
❹さつま揚げ、調味料を加えて、煮る。
❺水分が1/4程度になったら、むき枝豆を加えて水分
を飛ばす。

Chapter 4

就学前の子どもたちに
食べさせたい給食
～子ども園給食～

[丸山地区（嶺岡牧場）]

徳川吉宗公がインドから輸入した白牛を嶺岡牧場で
飼育したことが日本酪農の始まりとされていること
から、「日本酪農発祥の地」と呼ばれる丸山地区。
花卉栽培が盛んな南房総市の中でも、出荷高が一
番多い地区です。シンボルのローズマリー公園には
季節の花が植栽され、あじさい寺として有名な日蓮
寺には梅雨の時期に多くの観光客が訪れます。

子どもたちを育てる「食事」そのものを考える

南房総市の子ども園給食

南房総市では、0歳から15歳まで保幼小中一貫教育を推進しています。給食については、以前は学校給食を幼稚園児にも提供していましたが、平成24年度から、市内の各子ども園の調理場で調理したご飯給食を乳児期から就学前の子どもたちに提供しています。保育者の声を中心に、その取組を紹介します。

パン食から完全米飯給食へ移行して

食べ残しが減った

以前、パンや麺類を給食で提供していましたが、完全米飯給食にしてからは残食が半分以下に減りました。

水分量が少ないパンは、口の中でまとまらず、うまく飲み込むことができなかったせいか、子どもたちには食べづらいように感じました。逆に麺類は、食べやすく切ってしまう

ため、噛まずに飲み込む傾向がありました。パン食、麺食だと、そればかりを集中して食べてしまうため、おかずを食べさせるのがとても大変でした。

ところが、ご飯食にしてからは、おかずの残食が半分以上減りました。主食・主菜・副菜・汁物・果物とパターンが決まっているため、白いご飯を中心におかずも食べることができ、とても食べさせやすくなりました。

アレルギー対応がしやすくなった

子ども園では、アレルギー除去食代替食も提供しています。給食中、みんなと同じ物が食べられない切なさを感じることもあります。ご飯給食になってからは、アレルギー除去食代替食が減ったように感じます。

管理栄養士さんからは、完全米飯給食は

和食中心の献立なので、卵・乳・小麦アレルギーを持つ子どもも、除去食や代替食が減り、通常食を食べること（皆と同じ物が食べられること）が増えたと聞きました。食物アレルギーを持つ子どもにとって、皆と同じ物が食べられることはとてもうれしいことです。

POINT

園長先生
管理栄養士より

3歳になれば、自分が食物アレルギーであることを理解することができるため、教えていく必要があります。皆と同じ給食を食べられる喜びや楽しさを感じることも大切ですが、自分はアレルギーがあることを教え、アレルギー物質を誤飲誤食させないことが、何より重要です。

これが子ども園給食だ！

子ども園給食では、子どもたちに食への関心を高めてもらうため、
さまざまな工夫をしています。

季節感を感じられるように、
毎日季節のフルーツを
提供しています。

あえて割れやすい陶器の食器
を使い、物を大切に扱う心
を育てています。

「一汁三菜」が基本です。

月齢に合わせて、
全ての材料の分量
を量っています。

汁物に入れる野菜は3種類までなど、
使用する食材の数をあえて少なくし、
何を食べているかを分かりやすくします。

★ おやつもお麩のラスクなどを手作り
し、補食になるよう工夫しています。

▌家庭との連携を目指して

　翌月のメニューを家庭に配布して、給食にどんな食材が使われているかを各家庭にお知らせし
ています。そこには、子ども園で初めてその食材に触れるということがないよう、家庭の食事で
も同じ食材を使っていただきたいという思いが込められています。そのため、給食には手に入り
やすい食材を使用しています。

離乳食から幼児食への展開

　楽しく、おいしく食べてもらいたいという願い。子どもは先生方が給食を食べている様子をよく見ています。ですから、給食を食べる時は、とにかく、「楽しくおいしく笑顔で食べる」ことを大切にしています。完食も大切ですが、何よりも給食が楽しい時間になるように心掛けています。

離乳食　0歳児（7〜11カ月）

　人見知りが始まるころ。「安心できる人から食べさせてもらいたい」という気持ちがあります。保育士は、子どもをいつも笑顔で受け入れ、子どもたちは安定した人間関係の中で、保育生活を送ることができます。給食では、常に笑顔で食べさせています。赤ちゃんにとって、笑顔は最高の安心感を与えてくれるものです。「じゃがいもだよ。にんじんだよ。おいしいねえ」と口に入れる前に、食材や味を伝え、食べさせています。食材や味を伝えることで、子どもは保育士の表情を見ながら、安心して食べられるようになります。

　発達に応じ、次第に離乳が進み、自分から食べようとする意欲に変化していきます。最初は、手づかみ食べです。手づかみ食べをすることで、自分の一口がどれくらいなのかが分かるようになってきます。手も口の周りも、それに服やテーブルもベタベタになってしまいますが、とにかく、食べる意欲を大切にしています。

幼児食　1歳児、2歳児

　スプーンやフォークを使って、自分で食べることに興味を持ち、食べるようになります。

　スプーンやフォークをうまく使えない子どもも、保育士の仲立ちにより、食べられるようになってきます。また、クリップなどの補助具を活用するのもこのころです。

幼児食　3歳児〜5歳児

　箸を使って食べるようになります。食器を置く位置が分かり、三角食べができるようになります。

食材の切り方

　フォークや箸でつまみやすいような大きさに切ります。子どもは、大きく切った食べ物（特に苦手な食べ物）を口に入れることにストレスを感じます。また、フォークや箸で刺して口に入れることに慣れると、フォークですくう、箸でつまむという行為ができなくなります。

　まずは、フォークですくったり箸でつまんだりできるように、子どもの口に合ったサイズの切り方で提供します。口の中に食材が入れば、あとは、口の中で噛み飲み込むだけの行為になります。口の中に入れることを一番に考えます。

左は学校給食向けの大きさ、右は子ども園給食向けの大きさに切った野菜

苦手な食べ物

　細かく切って何かに混ぜて食べさせることはしません。例えば、ピーマンやにんじんを細かく刻んでハンバーグに混ぜて食べさせるなど、見えないようにするのは逆効果です。だまされたという不信感につながります。それよりも、少しずつ食べる努力を積み重ね、「食べられたね、できたね」という自信につなげていく方が効果的です。

肉じゃが

[材料(4人分)]

豚もも肉	150g	グリーンピース	12g
じゃがいも	中2個	油	大さじ1と1/2
にんじん	1/3本	☆ しょうゆ	大さじ1
玉ねぎ	1/2個	☆ きび砂糖	大さじ1と1/3
白滝	60g	みりん	大さじ1

[作り方]

❶じゃがいもは皮をむき、一口大に切って水にさらしておく。

❷豚もも肉は、一口大に切る。

❸玉ねぎは縦半分に切り、繊維に沿って1cmの厚さに切る。にんじんは皮をむき、一口大のいちょう切りにする。白滝は2cmくらいに切る。

❹鍋に油を熱して豚肉を炒める。半分くらい火が通ったら玉ねぎを入れ、よく炒める。

❺❹にじゃがいも・にんじん・白滝を入れ、かぶるくらいの水を入れる。

❻❺に☆を入れよく混ぜる。

❼じゃがいもが煮立ったらグリーンピースを入れ、グリーンピースに火が通ったら出来上がり。

自産自消で命の大切さを理解する

　各子ども園は、畑で季節の野菜を作っています。苗植え、水やり、収穫、この一連の流れを体験することで、野菜の成長に興味を持ち、愛情を持って育てることができ、命の大切さが分かるようになります。

収穫体験

野菜の苗を植え付け

お待ちかねの収穫

収穫した野菜は
丁寧に洗います

いただきま〜す

給食室にお届け

先生のコメント　収穫した野菜は給食室に届け、調理し給食で食べます。自分たちで作った野菜を残すことは決してありません。また、農家さんが納めてくれた野菜も、自分で収穫したことのある野菜は残さず食べています。

自園で作った夏野菜、地元産の夏野菜を給食で活用！

子ども園では、にんじん、トマト、なすといった夏野菜を育てています。自分たちで育てた夏野菜を給食で食べることで、食に対する興味が生まれます。

夏野菜カレー

[材料(4人分)]

精白米…………2合	トマト………中1個
押麦……………28g	油…………大さじ1と1/2
豚もも肉………180g	牛乳………大さじ2
かぼちゃ………1/6個	カレールー…50g
玉ねぎ…………1/2個	しょうが……1かけ
にんじん………1/3本	

[作り方]

❶かぼちゃは、種とわたを取り皮をところどころむき、一口大に切る。
❷豚肉は、一口大に切る。
❸玉ねぎは縦半分に切り、繊維に沿って1cmの厚さに切る。にんじんは皮をむき、一口大のいちょう切りにする。トマトは、湯むきし、一口大に切る。
❹しょうがはおろし、しぼっておく。
❺鍋に油を熱して❷を炒める。ある程度炒めたら、玉ねぎを入れ炒める。
❻❺ににんじん・トマト・❹を入れ、水を入れ煮立たせる。
❼煮立ったらかぼちゃを入れ、かぼちゃが柔らかくなったらルーと牛乳を入れる。
❽米は押麦と一緒に炊く。

POINT
切り方は、お好みで変えてもOK。かぼちゃは火の通りが早いので、大きく切っておくと良いです。トマトはよく煮込むと味がしみ込みます。

南房総市産　旬の食材カレンダー

今は一年中さまざまな食材が出回り、旬が分かりにくくなっていますが、栄養が豊富で一番おいしい旬の味をぜひ味わってください。

凡例：出荷時期 ／ 旬

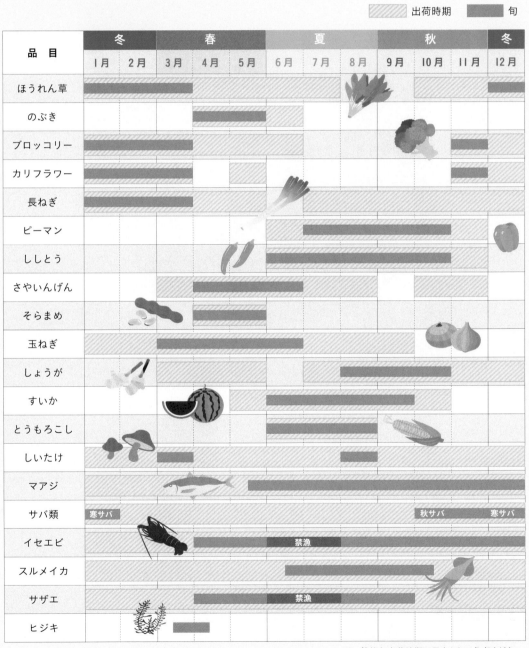

品　目	冬 1月	2月	春 3月	4月	5月	夏 6月	7月	8月	秋 9月	10月	11月	冬 12月
ほうれん草												
のぶき												
ブロッコリー												
カリフラワー												
長ねぎ												
ピーマン												
ししとう												
さやいんげん												
そらまめ												
玉ねぎ												
しょうが												
すいか												
とうもろこし												
しいたけ												
マアジ												
サバ類	寒サバ								秋サバ		寒サバ	
イセエビ						禁漁						
スルメイカ												
サザエ						禁漁						
ヒジキ												

※一般的な出荷時期の目安として参考ください。

Chapter 5

南房総学で
ふるさとを知る

[富山地区（富山）]

内房の穏やかな海と房総丘陵に囲まれる富山地区。夏の岩井海岸は海水浴場として人気で、冬から春にかけては房総半島の低名山を代表する富山、伊予ヶ岳、御殿山に多くの人がハイキングに訪れます。なかでも富山は、房総を開拓した天富命に由来し、滝沢馬琴の「南総里見八犬伝」の舞台として知られています。

故郷への "誇り" と "強い思い" を育む
南 房 総 学

子どもたちに伝えたい
郷土の良さと特色

　市の小・中学校では、総合的な学習の時間や特別活動を中心に、生まれ育った地域を深く知るための学習「南房総学」が年間を通して行われています。地域の豊かな自然や産業、伝統文化を体験することで、「南房総市に残っても、離れても、どこに行っても支えとなる故郷への思い」を育み、心に芯のある人間形成を目指しています。

　各学校ではそれぞれ独自のアイデアを活かし、食農教育、一次産業を中心に実体験をともなう学習に取り組んでいます。

料理の神様を祭る千倉町の高家（たかべ）神社で「庖丁式」が奉納され、千倉小学校の6年生69人が見学し、伝統文化への理解を深めました

富山中では地元の食材を使った料理コンテストを行っています。本誌 P43 のセロリチャンブルーは料理コンテストから誕生した給食メニュー（写真は令和元年度の優勝作品）

南房総学
4つの柱

1 地域の特色を学ぶ

温暖な気候に恵まれた南房総市の豊かな自然や産業、歴史、伝統文化など、地域の特色を学ぶ取組

2 地域との連携をはかる

より深く地域を学ぶために、地域の漁業・農業・観光業等の従事者、高齢者、福祉関係者、郷土史家などとの連携をはかる取組

3 「自産自消」を活かす

「地産地消」はもとより、自分たちで収穫した農林水産物を給食などで食べる「自産自消」を活かした食農教育の取組

4 「日本一おいしいご飯給食」の提供

地元の旬の食材を使用し、栄養バランスの取れた季節感ある和食の給食を週5日提供する取組

郷土の大地の恵みから生まれる特産品について学び、伝統を受け継いでいこうとする態度を養う学習

富浦地区の特産品「びわ」を育てる 🏫 富浦小学校

11月ごろ、びわの木にふんわりとした小さな白い花が咲き始めると、5年生のびわの学習が始まります。6年生が世話をしたびわの木を引き継いで、南無谷びわ研究会の方々に指導を受けながら、花もぎや袋かけなどの作業に皆で協力して取り組みます。そして、翌年6月にはみずみずしく立派に育ったびわを収穫し、道の駅で販売しています。

江戸時代から260年以上続くびわ作りの歴史。子どもたちは、地域の方に教えていただきながら、体験を通して富浦特産のびわへの理解と愛着を深めています。

（上）生産者から収穫のタイミングを教わります
（左）丹精込めて育てたびわをとみうら枇杷倶楽部で販売

米作りを通して生産者への感謝、食べ物のありがたさを学ぶ 🏫 嶺南小学校

嶺南小学校では、4年生が地域の方々の協力のもと米作りに取り組んでいます。5月の田植えでは、青々と育った苗を片手に田んぼに足を入れ、泥の感触も楽しみます。7月は、天候に気を配りながら水の管理や畦の草刈りを行い、苗を大切に育てます。10月、待ちに待った稲刈りでは大汗をかきながら収穫作業。終盤、コンバインが豪快に稲を刈り取っていく様子に機械の便利さを実感します。

収穫後のお米は給食センターで調理し、市内の児童みんなで味わいます。米作りの一連の体験を通して、子どもたちは、農業の大変さ、お米一粒の重みやありがたみを学習します。

自分たちが育てた稲のたわわな実りに大喜び

想像以上の重労働に食べ物への感謝の気持ちが生まれます

オクラの栽培　🏫白浜小学校

　3年生は地域の農業（野菜づくりと花づくり）を体験する学習を行っており、野菜づくりではオクラの栽培に取り組んでいます。5月に種をまき、9月に収穫。育てたオクラは給食の食材として活用され、子どもたちは収穫されたばかりの味を楽しみます。

自分たちの育てたオクラの成長に子どもたちは大喜びです

酪農を調べる　🏫三芳中学校

　米作りや酪農、果樹栽培や園芸栽培など農業が地域の産業の中心である三芳地区。三芳中学校では、1年生が「農業」について地域の実情について調べまとめる学習を行い、農家を訪問しての体験実習を実施しています。

牛たちが健康に過ごすための牛舎の清掃や、良質な乳をたくさん出すための餌やりが重要であることを学びます

郷土の海の恵みの豊富さとすばらしさを再認識し、郷土の環境保護に努める姿勢を養う学習

「ひじき刈り」で郷土の海を再認識　🏫白浜中学校

　白浜中学校では、白浜地区の特産物である「ひじき」についての知識を深め、実際に料理をして味わう学習に取り組んでいます。毎年4月には全校生徒でひじき刈りを実施。収穫したひじきは地元漁協に買い取っていただくほか、市内の給食メニューとして利用されます。また、ひじきの栄養について理解を深めるための講演会や、家庭科では収穫したひじきを使った調理実習も行っています。ひじきを扱った料理を学ぶことで、大人になってもひじき料理を楽しんだり、自分の子どもに味や調理法を伝えたりして、郷土への思いを育むことを目指しています。

ひじき刈りは南房総の春の風物詩です

慣れない手つきながらも丁寧に収穫

希少な大葉わかめを養殖

　富浦地区は、波が穏やかな東京湾に面し、冬は暖かく夏は涼しい山海に恵まれた土地。富浦中学校では、郷土の名産品「大葉わかめ」の学習に取り組んでいます。大葉わかめはその名の通り、葉の部分が約1mと極めて大きく、全国でも数カ所しか収穫できない貴重なわかめです。12月、岩井富浦漁業協同組合の方に手ほどきを受けながらわかめの種付けを行い、2月に収穫を迎えます。収穫した大葉わかめは学校給食やイベントに提供され、地産地消、宣伝活動に役立てられています。

等間隔に並び、ロープに幼ワカメを縛っていきます

体験を通して初めて大葉わかめを知ったという生徒も

伝統産業と食文化を学ぶくじらの学習

　日本で4カ所しかない捕鯨基地のある南房総市。和田地区は、くじらと共に発展してきました。6月、梅雨の合間を見て捕鯨船が出港すると、5年生のくじらの学習も始まります。くじらの生態、捕獲方法、料理などを調べたり、地域の方や研究所の方から話を聞いたりして学習を進めます。初漁祭の日、5年生はくじらの解体見学に出かけ、長い太刀で大きな音を立てながら骨から肉が剥がされていく様子を目の当たりにします。その後、手作りのくじらの料理をいただきます。

　「捕るから食べる」までを一貫して学習することで、食べることは命をいただくことという食文化を学習します。

くじらを手際よく解体していく作業に見入る子どもたち

巨大なツチクジラに
大興奮！

75

給食は学校だけじゃない！
地域に広がる給食ネットワーク

　南房総市では、地域とのネットワークを活かした「地産地消」「自産自消」を推進しています。「食農教育」を広く市内外に伝えるべく、さまざまな活動を行っています。

地域で大人気
「給食レストラン、」開店

　「日本一おいしいご飯給食」を広く知ってもらい、参加者から意見をいただくことで、さらに魅力あるご飯給食を目指すために平成24年度にスタートした取組。事業名にある「、」には、この取組を1回のみではなくこれからも継続していくという意味が込められています。各学校給食センターがその日に提供する給食を、食材費のみの負担で試食してもらいます。参加者からは、「食材の味が活かされている」「これからも子どもたちを"笑顔"にする給食を届けてほしい」など、励ましの声をいただいています。

会場はいつも予約客で満席

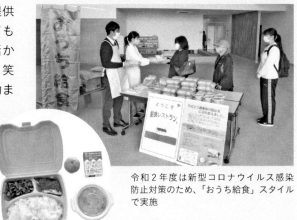
令和2年度は新型コロナウイルス感染防止対策のため、「おうち給食」スタイルで実施

　また、令和元年度からは「生産者向け」の「給食レストラン、」の取組もスタート。「日本一おいしいご飯給食」について生産者の理解を得ることで、食材を提供してくれる農家をさらに増やしていきたいと考えています。

おうち給食のポークカレーを受け取る子どもたち

学校と家庭をつなぐ「おうち給食」

　新型コロナウイルス感染拡大防止に伴う長期休校・休園が続いた令和2年の春。自宅で過ごす子どもたちの食生活を支援し、保護者の昼食づくりの負担を軽減するため、4月30日から5月29日まで毎週2回、給食センターで調理した弁当を市内の幼稚園や小中学校に通う全ての子どもたちに提供しました。弁当を手渡す際に一人ひとりに声を掛け、子どもたちの様子を確認する良い機会となりました。

災害時に安心をお届け「炊き出し給食」

令和元年房総半島台風の際、南房総市では停電が続き、市民生活に多くの支障が生じました。市では「あつあつのご飯とみそ汁を市民に届けたい」との思いから嶺南子ども園と丸山学校給食センターで炊いたご飯と汁物を地域の皆さんに届ける災害支援を提案。区長から依頼のあった丸山珠師ヶ谷区と富浦町原岡地区に出来立ての給食を届けました。令和元年房総半島台風の教訓からも、非常変災時に学校給食を通して市民に安心を届けられるシステムの構築を目指しています。

富浦町原岡地区での炊き出しの様子（写真提要／房日新聞）

子どもたちにより安全安心な給食を「外房学校給食センター」（仮称）

外房学校給食センター完成予想図

朝夷学校給食センターと丸山学校給食センターを1カ所に集約した外房学校給食センターを嶺南学園敷地内に整備し、外房地区の1園・3小学校・3中学校に学校給食を提供します。災害時にはガス釜により停電地区に食事を提供できるシステムを兼ね備えており、これまで以上に厳しい衛生管理のもと、令和4年4月の運用開始を目指しています。さらに敷地内の丸山学校給食センターは、南房総市炊飯センター（仮称）に改修。市内の全小中学校に炊きたてのご飯を提供します。運用は令和5年4月の予定です。

学校給食の縁の下の力持ち「認定農家・認定商店」

学校給食に食材や加工品などを提供していただいている地元農家や商店を「認定農家・認定商店」として認定し、学校給食における地産地消を推進しています。「日本一おいしいご飯給食」の取組が、市内の農家や商店に広がり学校給食に協力してくださる生産者を増やしていくこと、さらには市全体が地産地消に取り組むことを目指しています。希望する農家や商店には認定シールを配布し、直売所などで学校給食に協力してくださっている生産者・商店であることを周知しています。

認定農家・商店シール

毎日の献立を紹介
クックパッド「南房総市学校給食公式キッチン」

料理レシピ投稿・検索サービス「クックパッド」に学校給食のレシピを掲載しています。子どもたちに人気の献立や、地元産の食材を取り入れた献立レシピなど、今後も随時メニューを更新していく予定です。

クックパッド
「南房総市
学校給食公式キッチン」

百字で伝える私の想い

～学校給食への感謝を込めて～

南房総市教育委員会では、子どもたちの各活動の意欲を高めるため、端的な文章で考えをまとめ表現する力「百字で伝える私の想い」作文コンクールを実施しています。

このコンクールは「ありがとう」をテーマに令和2年度で10回目を迎えました。令和2年度の2,099通の作品の中から、学校給食に関する作品を抜粋してご紹介します。

小2

「いただきます。」とごはんを食べる。農家の人が野菜を作る。鳥や、豚や牛のお肉を食べる。「それは命をいただくことだよ。」と、お家の人が教えてくれた。だから、今日も、「いただきます。」

小2

給食センターの皆さん、毎日おいしい給食をありがとうございます。僕が好きなメニューはたくさんありすぎて書き切れません。毎日おかわりしています。給食を食べると、午後もがんばれます。

内房学校給食センター

小3

今日は木曜日！おうち給食で久しぶりにカレーが食べられると思ったら、わくわくした。ふたを開けたらいいにおい。パクッと食べたらおいしい。クラスのみんなが大好きなカレー。みんなと一緒に食べてる気がして、お昼がとっても楽しかった。

小4

田んぼで稲刈りをしている人を見た。手でつかんで鎌で一回一回切っていた。稲の背が高くて大変そうだった。私達が食べているお米はこういう風に作られているとわかった。感謝を込めて大切に食べます。ありがとう。

中2

食べ物には命が宿っている。農家、漁師さん達が一生懸命に作ったものだ。だがそんなことは気に留めず食べ残す人が多い。それでいいのだろうか。私は、作った方々に日々感謝し、完食することで命への恩返しをするのだ。

中2

暑い日が続く中、簡易クーラー二台で僕たちのために働いている人がいる。給食センターの調理員は厳しい環境、でも僕たちに心のこもったおいしい給食を作っている。僕は給食が大好きだ。今日も感謝を込めて、「いただきます。」

丸山学校給食センター

中3

毎日元気に過ごせるのは、動物・植物の命を頂いているからです。肉や魚、野菜は私が食べる前までに多くの人々が関わっています。残さず食べること、それが私にできることです。「いただきます。」「ごちそうさま。」

79

おわりに

　水田に豊かに実る里の幸、美しい海が育む海の幸、みずみずしい山の幸、南房総市は豊かな食材にあふれる魅力的な地域です。

　そんな地域の魅力を涵養する教育を実現するために、「大人が子どもに食べさせたい食の提供」、「ご飯を主食とした和食中心の献立の提供」、「食農教育と地産地消の推進」を柱とした「ご飯給食」を平成23年度より提供しています。

　以来、生産者の皆様、給食に関わる事業者の皆様、給食センターで勤務する皆様など多くの方々にご苦労、ご尽力をいただいております。また、本書の出版にあたっても、多くの方々にご協力をいただき、感謝の言葉もありません。

　さらには、この本を手にされた皆さんにもご支援をいただきながら、本市のご飯給食の魅力をさらに高めていけるよう精進していく所存です。

　「南房総市　日本一おいしいご飯給食」の取組が、子どもたちの健康はもとより、地域の方々の生きがい創出などの多くの夢を現実していくことを願って。

南房総市教育委員会

STAFF
企画・編集・制作　有限会社文明舎
　編集　　岩佐王恵
　デザイン　江藤直美・荻原友香
　撮影　　中西文明

協力
　調理　　中西佳美
　撮影　　石川松五郎

南房総市　日本一おいしいご飯給食

2021 年 3 月 28 日　初版第 1 刷発行

発行　　　　南房総市
発売　　　　株式会社デジタルパブリッシングサービス
　　　　　　〒 162-0812　東京都新宿区西五軒町 11-13 清水ビル 3F
　　　　　　TEL 03-5225-6061
　　　　　　FAX 03-3266-9639
　　　　　　https://d-pub.sakura.ne.jp/
印刷・製本　株式会社デジタルパブリッシングサービス

Printed in Japan
ⓒ MINAMIBOSO CITY
ISBN978-4-86143-513-3